Dr. Robert Löw Oliver Schmaering

DAS ELEKTRON im Swimmingpool

Geschichten aus der unglaublichen Welt der Quantenphysik

Illustriert von Aaron Cushley

KARIBU

Vorwort

Liebe Leserin, lieber Leser,

stell dir vor: Eines Tages wachst du auf, setzt deine Brille auf, und plötzlich siehst du, dass die Welt um dich herum aus Quanten besteht. Du siehst eine Welt, in der du statt einer Uhr ein Atom an deinem Handgelenk trägst, in der nicht die Gewissheit, sondern die Wahrscheinlichkeit dir Zuversicht gibt, in der du vom Sprungbrett springst, aber sobald du das Wasser berührst, auf magische Weise wieder oben bist, und in der du Wellen wie Äpfel im Supermarkt wiegen kannst.

Klingt verrückt, oder? Doch das ist es nicht. Alles, was du auf den folgenden Seiten lesen wirst, ist echt und wirklich passiert. Alles, was du brauchst, um die wundersame Welt der Atome, Photonen und Elektronen zu verstehen, ist etwas Vorstellungskraft. Diese besondere Brille, die dich über das hinausschauen lässt, was alle anderen sehen. Worauf wartest du noch? Schnapp dir ein Elektron und geh mit ihm auf einen Sprungturm. Du wirst staunen, was du erlebst!

Deine

Prof. Dr. Francesca Ferlaino

Francesca Ferlaino

Direktorin des Instituts für Quantenoptik und Quanteninformation, Innsbruck

Prof. Dr. Francesca Ferlaino ist Wissenschaftliche Direktorin des Instituts für Quantenoptik und Quanteninformation und Professorin für Atomare Physik an der Universität Innsbruck

Foto: © Martin Vandori

Inhalt

WAS IST ZEIT?

Hallo, ich bin Robert. Ich bin Quantenphysiker und möchte dich auf eine abenteuerliche Reise mitnehmen – in die Welt der Quanten. Kommst du mit? Wir starten mit einer ganz einfachen Frage:

Was ist das eigentlich: Zeit?

Du meinst, das ist eine ziemlich dumme Frage? Vielleicht hast du recht. Aber warte erst mal ab. Vielleicht siehst du die Sache anders, wenn ich dir etwas mehr über die Zeit erzählt habe.

Schau mal!
Die Kirchturmuhr zeigt fünf Minuten vor sechs.

Denken wir uns was aus. Sagen wir: Allerspätestens, wenn der Friseurladen um sechs Uhr schließt und die Sonne ihren Abendspaziergang über die Dächer der Stadt beginnt, müsstest du nach Hause rennen. Abendbrotzeit!

Doch: Könnte die alte Turmuhr nicht plötzlich stehen bleiben? Oder langsamer gehen, weil sie ganz außer Puste ist? Und jedes Ticken fällt ihr immer schwerer? Oje, das gäbe Ärger zu Hause. Keine Sorge, eigentlich kann das nicht passieren. Heutzutage sind die allermeisten Kirchturmuhren längst an die Atomuhr in Braunschweig angeschlossen. Und die geht nie falsch. Jedenfalls nicht in den nächsten paar Hunderttausend Jahren.

Aber was, wenn keine Kirchturmuhr in der Nähe ist? Und auch sonst keiner, den man nach der Zeit fragen kann. Existiert dann etwa gar keine Zeit? Doch natürlich. Zeit ist auch dann da, wenn du sie nicht auf die Minute weißt. Du weißt trotzdem, dass Zeit vergeht.

WANN IST JETZT?

Es gibt ein Jetzt, ein Früher und ein Später. Mich fasziniert dabei jedes Mal der Gedanke, dass man es so und so sehen kann. Entweder man sagt sich: Das Jetzt ist immer so schnell vorbei, dass es ohnehin schon später ist.

Sage ich: **»Jetzt«** – dann ist es schon wieder später.

Denn das Wort »jetzt« benötigt Zeit, wenn es gesprochen oder auch nur gedacht werden will. Ich kann es niemals »im Jetzt« greifen, also gibt es vielleicht gar keine Gegenwart?

Oder ich sehe es genau andersherum: Niemand hat je ein Später oder ein Früher erlebt. Das Früher ist vergangen und existiert nicht mehr, höchstens in meinem Kopf. Das Später bleibt immer unerreichbar. Es ist nie erlebbar, denn ich erlebe immer nur das Jetzt. Egal wann, egal wie spät, immer ist es jetzt. Nichts ist da außer der Gegenwart.

Beides klingt logisch und ist doch miteinander nicht vereinbar. Ist also eines falsch? Oder beides? Ich fürchte, weder ich noch du können das entscheiden. **Die Zeit ist rätselhaft**.

Aber wo kommt es eigentlich her, dass man fest daran glaubt, es wäre mal früher und dann wieder später? Kann man das sehen, auch ohne Uhr? Kann man es sogar beweisen? Vielleicht ganz einfach.

Schau mal, der Topf!

Einmal so ...

Und einmal so ...

Du kannst sofort sagen, was vorher und was nachher ist.

Es wird wohl niemand den kaputten Topf zusammengeklebt, die Erde eingesammelt und die Pflanze eingesetzt haben. Möglich wäre es. Aber in aller Regel funktioniert unsere Welt genau andersherum. Erst steht der Topf noch, dann springt die Katze dagegen, dann liegt er in Scherben am Boden.

Und dann beginnt der Ärger. So herum kommt es viel öfter vor. Das ist sozusagen der Gang dieser Welt. Stehen, herunterfallen, kaputtgehen.

UNORDNUNG IST EIN NATURGESETZ

Unsere Zeit geht in die Richtung, in der die Unordnung immer größer wird. Das passiert ganz von allein. Denk nur mal an dein Zimmer.

Unordnung nennt man auch **Entropie.** Und wenn man die wieder in Ordnung verwandeln will, braucht man dazu einen guten Grund und vor allem:

Energie.

Aber was heißt das? Kann man mit Ordnung Zeit messen? Schwierig. Unordnung, also Entropie, könnte die Zeit messen. Allerdings müssten dann regelmäßig Blumentöpfe herunterfallen. Etwa so und so viele pro Minute. Besser: Man hat etwas, das wirklich regelmäßig passiert. So was wie Tag und Nacht. Jedes Mal, wenn die Sonne untergeht, ist ein Tag vorbei. Oder jedes Mal, wenn du Geburtstag hast, ist ein Jahr vergangen. Das dauert aber beides lange.

Wie kannst du denn nun wissen, wann es sechs Uhr ist, wenn kein Kirchturm in der Nähe ist? Oder besser fünf Minuten vor sechs, damit du pünktlich bist. Fünf Minuten, das ist ungefähr der hunderttausendste Teil eines Jahres. Wie will man das messen? Man braucht etwas, das sich schnell wiederholt. Aber was?

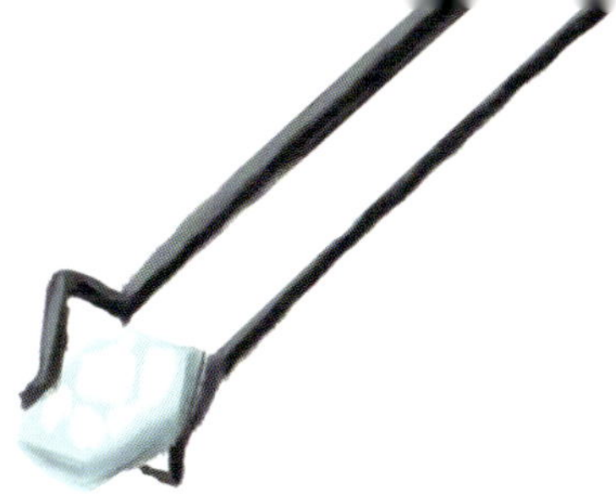

Hier siehst du eine alte Standuhr.

In ihr schwingt ein Pendel hin und her, ganz regelmäßig. Immer wenn das Pendel von links nach rechts schwingt, vergeht genau eine Sekunde. Wenn es zurückschwingt, vergeht erneut eine Sekunde. Schwingt es 300 Mal, sind genau fünf Minuten vergangen.

Das Hin und Her nennt man eine Schwingung.

Wenn du die Zeit genauer wissen willst, muss die Schwingung schneller sein. In vielen Uhren sind heutzutage kleine Quarzkristalle eingebaut, die mehrere Millionen Mal pro Sekunde schwingen, also schon vibrieren. Diese Quarze sind auch Taktgeber für Computer und vieles mehr. Eine Pendeluhr geht schon mal gern an einem Tag einige Sekunden falsch. Bei einer Quarzuhr ist das höchstens eine Sekunde.

DAS KLEINSTE SCHNELLSTE ETWAS

Eine gute Uhr schwingt nicht nur schnell, sie geht auch sehr genau. Sonst kommt alles aus dem Takt. Du willst ein Beispiel?

Stellen wir uns vor, im Internet soll eine Information X zu einem ganz bestimmten Zeitpunkt Y irgendwo ankommen.

Dein Computer schickt sie pünktlich ab, aber der Empfänger hat eine etwas andere Uhrzeit und ordnet deshalb die Information falsch zu. Das wäre ein Problem. Und das kann man nur lösen, wenn beide Computer Uhren haben, die ganz genau gleich gehen. Ich meine damit: vollkommen gleich. Nun ist es aber sehr schwierig, zwei Uhren zu bauen, die exakt gleich schnell gehen. Das kann man sich anhand der Pendeluhr vorstellen. Macht man das Pendel nur ein bisschen länger oder kürzer, so schwingt es langsamer oder eben schneller.

Außerdem müssten die Materialien die gleichen sein. Zum Beispiel für das Gehäuse das gleiche Holz vom gleichen Nussbaum und so weiter. Und dann kommt es noch darauf an, wo die Uhr steht. Eine Uhr nahe am warmen Kamin, die andere im kalten Keller, und schon gehen sie verschieden schnell. Kann man also gar keine Uhrenpendel haben, die sich exakt gleich bewegen? Doch, man kann!

Es gibt etwas in der Natur, das immer genau gleich ist. Und das sind die kleinsten Bausteine, aus denen alles um uns herum, aus denen sogar wir selbst bestehen: die **Atome**!

Deine Hose und deine Nase, beide bestehen aus Atomen. Aber aus verschiedenen. Gut zu unterscheiden: Hose ist Hose, Nase ist Nase.

Zwei Atome derselben Sorte kannst du aber nicht voneinander unterscheiden, sie sind absolut gleich. Du kannst dir denken, dass sie deshalb auch genau gleich schwingen. Und zwar Millionen über Millionen Schwingungen pro Sekunde.

So eine große Zahl kann man sich kaum vorstellen: Ziffern über Ziffern. Und vorne eine 9.

DAS ATOM ALS PHANTOM

Ein Atom besteht aus einem Atomkern und Elektronen, die darum kreisen. Das kannst du dir so vorstellen wie unsere Planeten: Die kreisen auch um die Sonne.

Aber wie machen die Planeten das eigentlich? Stell dir vor, du wirfst einen Ball. **Die Schwerkraft** lässt ihn schnell wieder auf die Erde plumpsen. Also wirfst du kräftiger. Dann plumpst er schon mal viel weiter hinten runter. Und jetzt noch mal so richtig mit Schmackes. Er fliegt und fliegt und fliegt. Zu weit, um noch auf die Erde zu fallen. Er fällt an der Erde vorbei. Und zwar immer wieder vorbei, bis er einmal um die ganze Erde geflogen ist. Doch da hört er nicht einfach auf. Er fliegt weiter und noch weiter, er umrundet die Erde jetzt immer wieder.

So machen das auch die Planeten. **Gravitation** ist der Fachbegriff für die Schwerkraft. Sie hält unsere Planeten in ihrer Kreisbahn um die Sonne fest. Deshalb fliegen sie nicht irgendwie weg und rein in die Weiten des Weltalls.

Die Elektronen machen das im Kleinen ganz ähnlich. Aber die Anziehung kommt bei ihnen nicht durch die Schwerkraft. So ein Atomkern ist ja viel zu leicht, um es mit der Schwerkraft der Sonne aufzunehmen. Er benutzt stattdessen eine **elektrische Kraft**. Die ist in einem Atom viel, viel stärker als die Gravitation.

Moment! Warum bemerken wir davon nichts? Wir bestehen doch schließlich aus Atomen. Und zwar komplett. Ja, das stimmt. Aber es ist eben eine komplizierte Kraft. Sie kann für Anziehung sorgen, aber auch für Abstoßung. Je nach Laune. Na ja, also nicht direkt Laune. Es ist keine Frage der Laune, sondern der **Ladung**!

Man kann Teilchen in positiv oder negativ geladene Teilchen einteilen. Positiv und positiv stößt sich ab. Negativ und negativ auch. Aber positiv und negativ zieht sich an. »Gegensätze ziehen sich an«, sagt ja auch das Sprichwort. Der Atomkern besteht aus positiv geladenen Teilchen, den Protonen. Neutral geladene oder besser gesagt ladungslose Neutronen halten die Protonen zusammen wie ein Klebstoff. Sonst würden die sich abstoßen. Negativ geladene Elektronen umkreisen den Kern. So wie die Planeten die Sonne. Wir spüren so wenig von dieser starken Kraft, weil es ungefähr gleich viele negative und positive Ladungen in uns gibt.

DAS ELEKTRON IM SWIMMINGPOOL

Wir wissen: **Die Elektronen kreisen um den Atomkern wie Planeten um die Sonne.** Und wir wissen auch: Je näher ein Planet an der Sonne ist, desto schneller ist er. Der Merkur, der am nächsten dran ist, braucht für eine Runde um die Sonne nur 88 Tage. Der Neptun, der am weitesten weg ist, braucht 60.148 Tage. Das wären dann ungefähr 164 Jahre! Die Planeten dürfen in jedem Abstand, den man sich vorstellen kann, um die Sonne kreisen. Ihre Position ist mehr oder weniger zufällig.

In der Welt der Atome ist das anders. Vereinfacht gesagt, dürfen sich die Elektronen nur auf definierten Bahnen um den Kern bewegen und nicht in jedem beliebigen Abstand kreisen. Immerhin ist es aber möglich, dass so ein Elektron von einer Bahn zur anderen hüpft. Von außen nach innen geht das leicht. Von innen nach außen braucht es viel Energie. Hast du das Elektron aber einmal ganz nach außen gebracht, dann fällt es wie von allein wieder nach innen.

Stell es dir so vor, als würdest du einen Sprungturm betreten. Deine Entfernung zum Wasser stellt dabei die Entfernung eines Elektrons zum Atomkern dar. Es gibt vielleicht ein 3-Meter-Brett, den 5-Meter-Turm, und oben sind es zehn Meter. Ein 6,385-Meter-Brett gibt es aber nicht!

Runter geht's ganz einfach. Es platscht auch im Atom ordentlich, wenn das Elektron von oben nach unten beziehungsweise von außen nach innen fällt. Mit dem Platscher wird Energie frei. Je größer der Platscher, desto mehr Energie. Aber wie steigen die Elektronen nun von Bahn zu Bahn ganz nach außen?

Indem man ihnen zum Beispiel dabei hilft. Und das macht man mit **Licht**. Da wären wir also fast! Wo? Na, bei den Quanten! Bald kommen sie ins Spiel. Denn sie hängen unmittelbar mit dem Platscher zusammen und den Atomen – und den Elektronen.

ATOME MESSEN DIE ZEIT

So ein Atom kann eine Zeit lang ruhig am Beckenrand rumstehen. Ganz cool. Im energetischen Grundzustand. Da bewegt sich gar nix.

Machen wir einen Versuch: Lenken wir das Atom kurz mit einem schlechten Witz ab und schnappen uns eines seiner Elektronen.

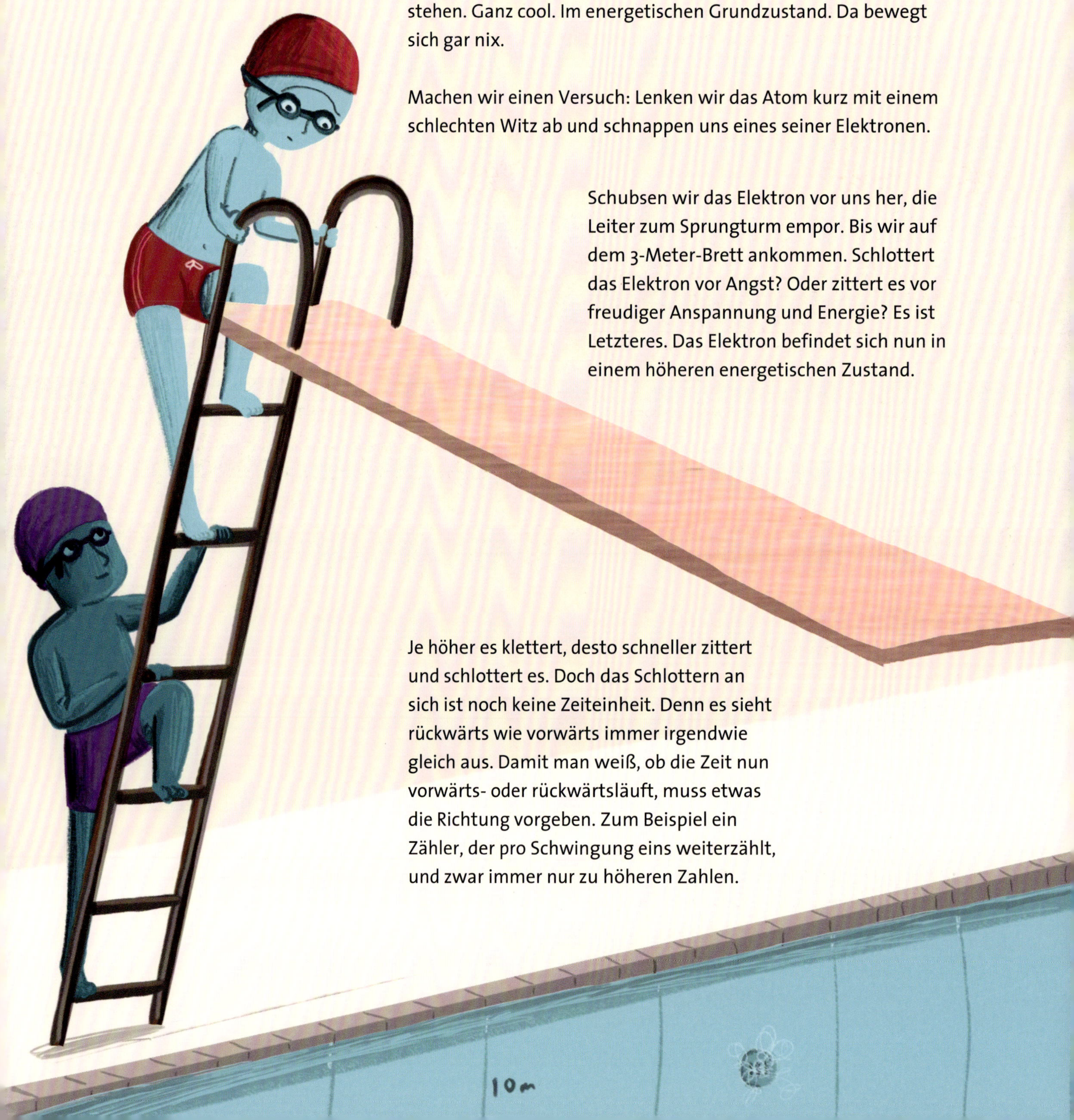

Schubsen wir das Elektron vor uns her, die Leiter zum Sprungturm empor. Bis wir auf dem 3-Meter-Brett ankommen. Schlottert das Elektron vor Angst? Oder zittert es vor freudiger Anspannung und Energie? Es ist Letzteres. Das Elektron befindet sich nun in einem höheren energetischen Zustand.

Je höher es klettert, desto schneller zittert und schlottert es. Doch das Schlottern an sich ist noch keine Zeiteinheit. Denn es sieht rückwärts wie vorwärts immer irgendwie gleich aus. Damit man weiß, ob die Zeit nun vorwärts- oder rückwärtsläuft, muss etwas die Richtung vorgeben. Zum Beispiel ein Zähler, der pro Schwingung eins weiterzählt, und zwar immer nur zu höheren Zahlen.

Für einen Menschen ginge das aber viel zu schnell. Zum Glück gibt es dafür eine Elektronik. Ein ganzes Cäsium-Atom, zum Beispiel, schwingt 9,2 Milliarden Mal in einer einzigen Sekunde.

Kannst du so schnell zählen? Also ich nicht, das steht fest.

Das wären ja 9,2 Milliarden Blumentöpfe, die in einer einzigen Sekunde von den Fensterbrettern segeln und auf den Boden knallen. Das sind mehr Blumentöpfe, als Menschen auf der ganzen Erde leben. Kannst du dir das Geschepper vorstellen?

Ist ein Blumentopf erst mal zersprungen, ist es vorbei mit jeder Schwingung. Um eine Uhr zu bekommen, brauchen wir aber zwei Dinge: Schwingung und Entropie. Sie sind sozusagen die Ursachen der Zeit. Sie sorgen für den Unterschied zwischen Ordnung und Unordnung. Und sie geben diesem Unterschied eine Richtung: von der Ordnung hin zur Unordnung.

Erst mal tick, danach tack. Niemals erst tack und dann tick.

DIE ZEIT IM ALL

Ich stelle es mir immer so vor: **Unordnung** braucht einfach mehr Platz als **Ordnung**. Kennt man ja aus dem eigenen Schrank. Und das Universum stelle ich mir wie einen riesigen Chaoten vor, der alles zerknüllt, zerreißt und verteilt, was ihm zwischen die Finger kommt. Immer willkürlicher, bis alles kreuz und quer rumfliegt.

Irgendwann wird gar keine Ordnung mehr übrig sein. Aber bis dahin ist noch Zeit. Im Universum ist schließlich noch viel Platz für Unordnung. Es wird lange dauern, bis die kosmische Ordnung eines fernen Tages zerstört ist.

Was kann man aus diesen Erkenntnissen machen? Aus Raum und Zeit? Wie kann man das alles sinnvoll nutzen?

Datenkommunikation ist eine wichtige Anwendung. Zum Beispiel das GPS, das globale Positionsbestimmungssystem, ein System aus vielen Satelliten, oben in der Erdumlaufbahn.

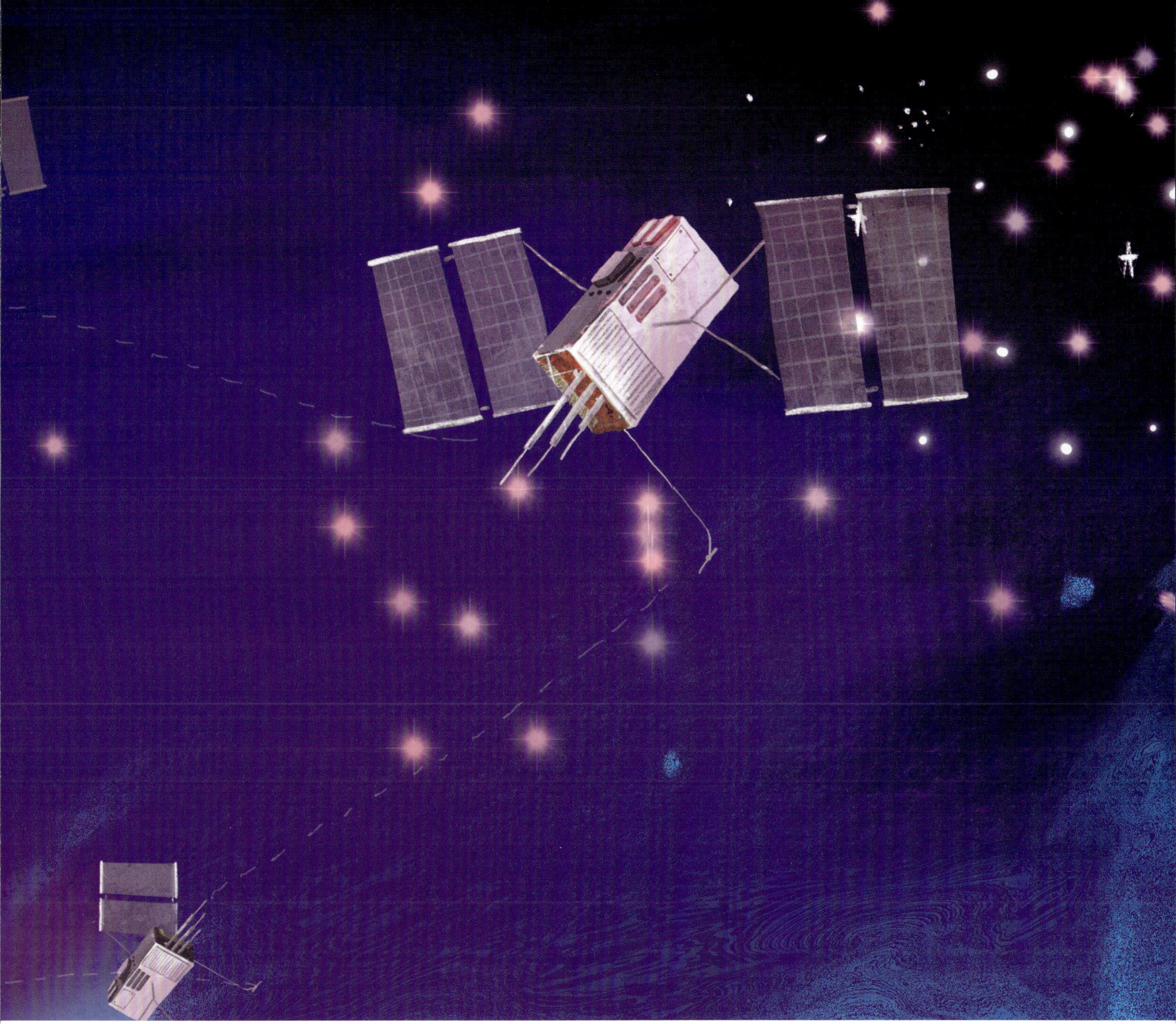

Mithilfe von Atomuhren werden die genauen Positionen von Autos, Schiffen oder Flugzeugen bestimmt. Das Navi in unserem Auto, zum Beispiel, weiß auf den Meter genau, wo wir sind. Wie geht denn so was?

Schickt ein **Satellit** ein Signal los, dann flitzt es zum Navi, und das misst, wie lange es dauert, bis es bei uns ankommt. So weiß ich, wie weit der Satellit weg ist.

Die Satelliten stimmen sich über Atomuhren ab. Je mehr Satelliten, desto genauer wird unsere Position aus immer mehr Richtungen bestimmt. Dann hängt alles nur noch an der Genauigkeit der Zeitmessung. Und zum Glück messen wir Zeit mit Atomen! In manchen Hightechbereichen sind sogar die Empfänger mit Atomuhren ausgestattet. Das ist dann nochmals viel genauer als ein normales GPS im Auto.

Je exakter wir die Zeit bestimmen können, desto genauer kennen wir schließlich unsere **Position im Raum**.

SCHWINGENDE ATOME

Atomuhren legen fest, was in Deutschland die richtige Zeit ist. Aber nur eine einzige gibt den Takt vor. Wusstest du das? Sie steht in der Physikalisch-Technischen Bundesanstalt in Braunschweig. Für alle anderen Uhren bestimmt sie die Zeit.

Ihr Herz besteht aus **Cäsium-Atomen**.

In den Laboren wird natürlich längst an einer noch besseren, noch genaueren Atomuhr geforscht. Wissenschaft will immer das noch Bessere. Aber wie genau machen die Atome das mit der Zeit eigentlich?

Also es ist so: Je schneller die Atome in der Uhr schwingen, desto genauer kann man die Zeit messen. Wenn das Atom einmal geschubst wurde, sollten die Schwingungen lange anhalten. Bei Cäsium-Atomuhren ist der Schubser noch recht schwach. Ideal wäre ein Schubser mit richtig Power. Die Schwingungen wären schneller, und die Frequenz würde sich ändern.

Man will bald Uhren bauen, in denen die Atome mit so viel Energie geschubst werden, dass sie nicht mehr im Mikrowellenbereich schwingen, so wie in den Cäsium-Uhren.

Stattdessen sollen sie im sogenannten optischen Bereich schwingen. Das ist viel, viel schneller. So eine optische Schwingung hat die Frequenz von Licht. Also von ganz normalem, sichtbarem Licht. Daher optisch, man kann so eine **Frequenz** also sehen.

Was eine Frequenz ist? Tja. Also: Man zählt im Grunde die Schwingungen in einer Sekunde. Und diese Zahl, das ist die Frequenz.

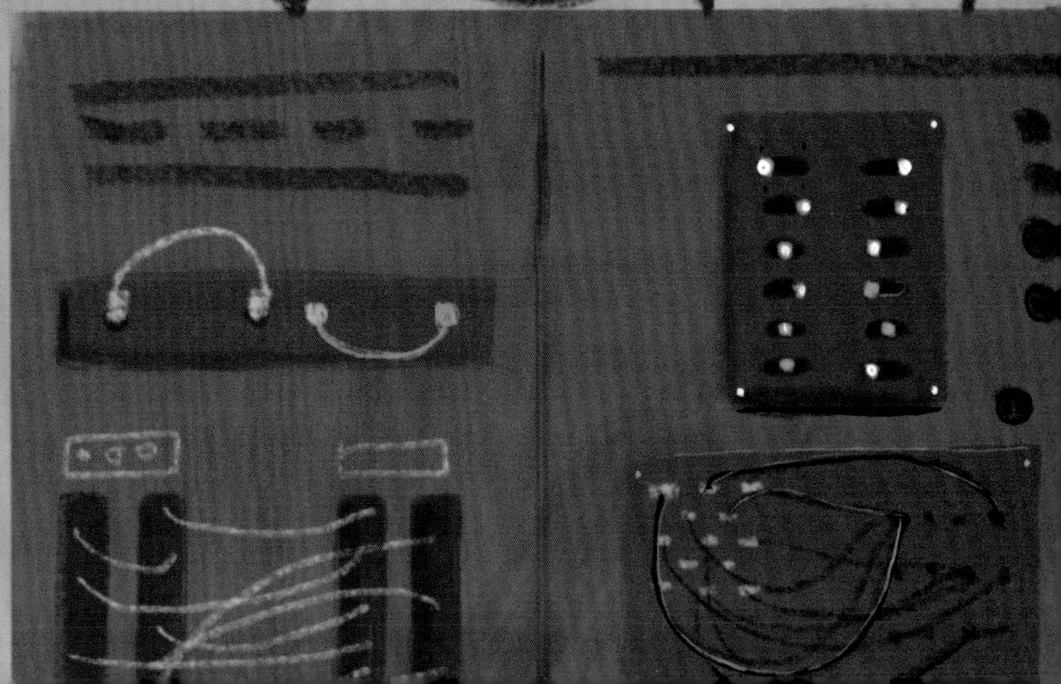

WO SPÄT IST ES?

Wenn ich nun herausfinden will, ob eine Atomuhr genau ist oder nicht, wie mache ich das? Das ist nicht so einfach. Denn so eine Atomuhr würde seit der Entstehung des gesamten Universums, seit dem Urknall, bis heute gerade mal winzige Bruchteile einer einzigen Sekunde falsch gegangen sein. Wenn ich das messen will, brauche ich eigentlich eine zweite Atomuhr. Und genau so hat man das auch gemacht. Man hat eine zweite Atomuhr benutzt.

Die Überraschung war am Ende ziemlich groß. Die beiden Atomuhren gingen nicht gleich. Wie konnte das sein? Irgendwas musste man übersehen haben, aber was?

Es war die **Schwerkraft!**

Von der hast du schon gehört. Die sorgt zum Beispiel dafür, dass der Apfel vom Baum nach unten fällt und nicht nach oben zum Mond fliegt. Die Schwerkraft hat viele seltsame Eigenschaften. Sie ist zum Beispiel so stark, dass sie den Weltraum krümmen kann.

Und so löste sich das Rätsel der Atomuhren: Die zweite Atomuhr war in einem anderen Gebäude. Das stand ein kleines Stück höher als das Gebäude, in dem sich die erste Atomuhr befand. Damit war diese Uhr etwas weiter weg von der Erde. Und dadurch war die Schwerkraft einen kleinen Tick geringer. So wenig, dass man es als Mensch nicht merkt. Aber der Atomuhr macht es was aus.

Einfach gesagt: »Die Zeit auf dem Dach geht anders als die Zeit im Keller.« Das hat der berühmte Physiker Albert Einstein mit seiner allgemeinen Relativitätstheorie herausgefunden. Die Zeit vergeht umso langsamer, je größer die Schwerkraft ist.

Aber Moment, wenn eine Uhr anders geht, nur weil sie woanders steht, wie spät ist es dann? Oder muss ich fragen: Wo viel Uhr ist es? Wo spät ist es? So witzig das klingt, eigentlich ist es richtig. Einstein hat viele kluge Dinge zum Thema Zeit gesagt. Sie sei nicht absolut, sondern relativ, zum Beispiel. Und mit jeder neu entwickelten Atomuhr wird sie immer genauer bestimmbar.

SIE NANNTEN SIE QUANTEN

Es gibt Teilchen, aus denen alles aufgebaut ist. Und mit ***alles*** meine ich ***wirklich*** alles. Das Buch hier, aber auch deine Hand, die das Buch hält, dein Hund, deine Katze, deine Schule, deine Stadt, dein Land, die Erde, der Mond, das Universum, einfach alles besteht aus diesen Teilchen: aus Protonen, Elektronen, Neutronen. Und die Quanten? Was haben die mit alldem zu tun?

Vor über hundert Jahren entwickelten Menschen erste Vorstellungen von Quanten. Schon die frühen Theoretiker stellten sich Quanten als kleine Portionen von Energie vor. Es gab viele verschiedene, aber noch ziemlich wacklige Ideen.

Das Wort »Quantum« kommt aus dem Latein und bedeutet »wie viel«. Also könnte man fragen: Wie viel hat man von einer Sache? Wie viel Energie zum Beispiel. Ein Quantum ist, so gesehen, zunächst einmal eine Frage. Und die beantwortet man mit einer Messung.

Messungen sind das **Herz der Quantenphysik.**
Man will zum Beispiel wissen, wie viele Protonen ein Atomkern hat, wie viele Elektronen drum herumkreisen und welche Energie sie haben.

Ich stelle immer die Frage nach den Energiepaketen, also den Quanten – und nach deren Eigenschaften.

Aufgepasst, jetzt wird es verrückt: Schon für die ersten Quantenphysiker waren Teilchen nicht mehr nur Teilchen, sondern auch Wellen. Also beides gleichzeitig.

Manchmal zeigt sich so ein Teilchen als Welle und manchmal als Teilchen. Kommt halt drauf an, in welcher Situation man es gerade erwischt. Oder wie wir Physiker hochwissenschaftlich sagen: Kommt drauf an, wie wir unsere Messung am Objekt vornehmen. Noch genauer könnte man sagen: *Immer* ist es beides, Teilchen *und* Welle. Aber Moment, was bedeutet das eigentlich? Stell es dir zunächst so vor: Ein klassisches Teilchen ist immer genau an einem bestimmten Ort.

**Ist es hier, dann ist es nicht dort.
Reimt sich sogar.
Ist ja auch klar.**

**Das Teilchen ist entweder in Paris, oder es ist in New York City.
Oder ganz woanders.
Aber immer nur an einem Ort.**

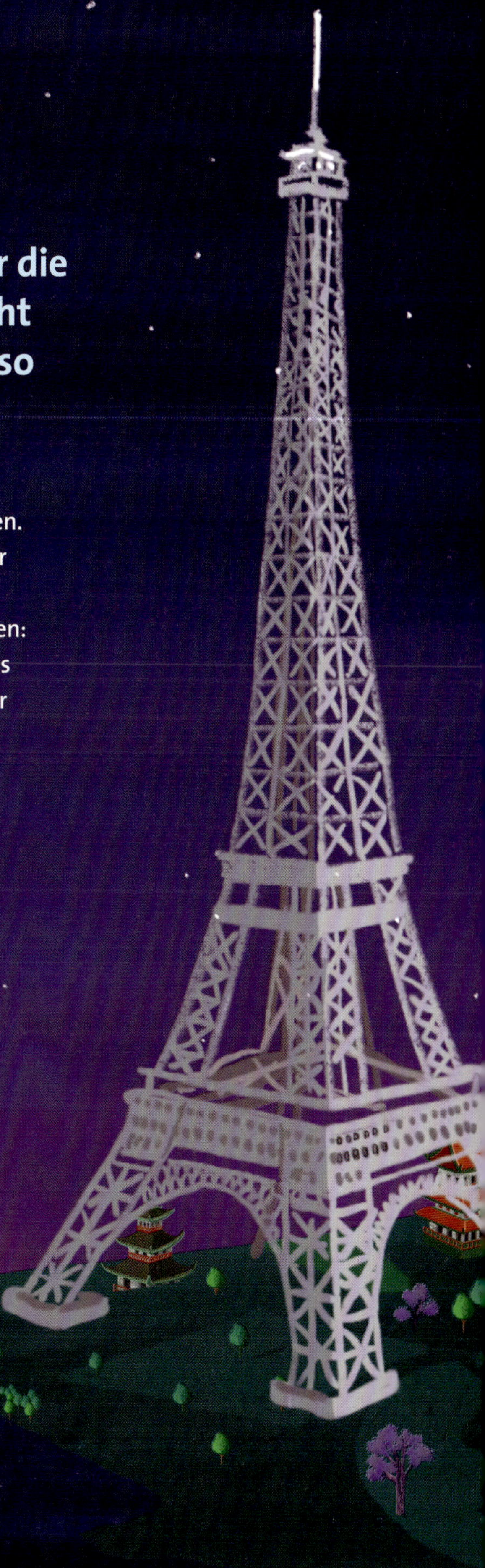

DAS TEILCHEN ALS WELLE

Zeigt sich so ein Teilchen aber als Welle, dann ist alles anders. Also nicht ganz anders. Die Welle ist schon auch an einem Ort. Wenn du am Meer bist, kannst du ja sagen:

Schau mal da, eine Welle!

Aber sie ist eben nicht so exakt an einem ganz genau definierten Ort. Sie ist ausgedehnt, sie braucht Platz, sie bewegt sich. So gesehen ist sie also nicht an einem Ort. Alles eine Frage der Perspektive.

So eine Meereswelle ist eigentlich merkwürdig. Das Wasser, aus dem sie bis eben noch bestand, ist zwar weiter da, aber es ist nicht mehr die Welle. Und anderes Wasser, das bis eben noch nicht Teil der Welle war, ist jetzt die Welle.

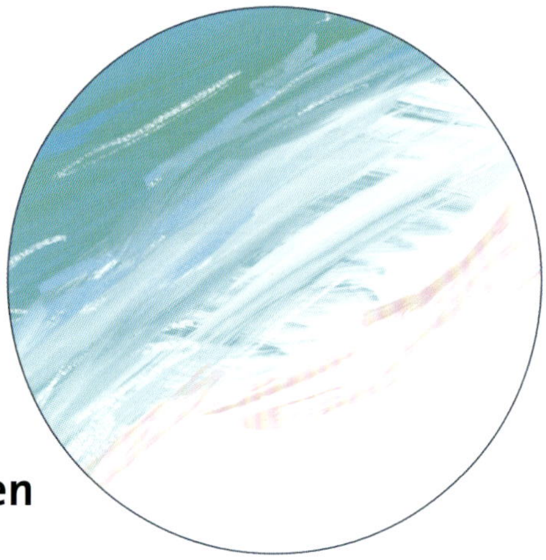

Also, was ist eigentlich die Welle, wenn sie mal dies und im nächsten Moment was ganz anderes ist?

Würde man sich ein einzelnes Wasserteilchen aus der Welle rauspicken und genau verfolgen, dann würde es ohne ein für uns erkennbares System wild herumfliegen. Das einzelne Teilchen verfolgt aber schon seinen Plan. Und: Den Weg können wir theoretisch berechnen. Doch ab drei Teilchen wird es ein Chaos. Damit kann man nichts Genaues über die Welle und deren Charakter sagen. Jedes Wassermolekül in der Welle nimmt seinen eigenen, ganz individuellen Weg, während die Welle als Ganzes recht gleichmäßig auf das Ufer zurollt. Die wunderbar wässrige Ordnung besteht im Innern aus reinem Chaos. Und es wird noch merkwürdiger. Denn eine Welle kann Dinge, die keines der Teilchen kann, aus denen sie besteht.

Ein Teilchen prallt an dir ab wie ein Sandkorn an deiner Haut, wenn der Wind am Strand weht. Eine Meereswelle aber rollt einfach an dir vorbei. Oder um dich herum. Und doch besteht sie aus Teilchen.

WER IST BLOB?

Also mal ganz grundsätzlich gefragt: Gibt es ein fundamentales Teilchen? Die alten Griechen hielten das Atom für fundamental, »atomos« bedeutet unteilbar. Heute wissen wir: Fundamentale Teilchen sind viel kleiner als ein Atom. Sie sind wirklich elementar, daher auch der Name

Elementarteilchen.

So ein Teilchen ist genau deshalb elementar, weil es nicht teilbar ist. Es ist das kleinste denkbare Etwas. Da reden wir zum Beispiel von Elektronen. Es gibt zwar halbe Zitronen, aber keine halben Elektronen.

Ein Elektron ist ein fundamentaler Baustein der Welt. Unteilbar.

Das Elektron kreist in einem Atom auf seiner Bahn um den Atomkern. Werfen wir doch mal einen genaueren Blick darauf.

Die Quantenphysik sagt uns: Ein Elektron ist Teilchen *und* Welle gleichzeitig, je nachdem. Mal mehr das eine, mal mehr das andere. Was es zum Beispiel genau *jetzt* ist, hängt von meiner Messung ab. Also von meiner Frage an das Elektron: »Bist du momentan ein Teilchen, oder bist du eine Welle?« Und: »Woooo biiiist duuuu?« So läuft eigentlich eine Messung. Mehr oder weniger.

In seiner Eigenschaft als Welle ist das Elektron irgendwie im Raum verteilt. Die Welle hat eine bestimmte Länge: die **Wellenlänge**. Sie beschreibt in einer genauen Zahl, wie sehr die Welle im Raum *verschmiert* ist. So heißt das seltsamerweise. Man kann mit wenigen Ausnahmen nie genau sagen, wo ein Teilchen sich befindet, wenn es als Welle daherkommt.

Es ist sozusagen an vielen Orten gleichzeitig, aber man kann seine Ausdehnung beziffern: Das Elektron ist so und so lang und so und so breit verschmiert. Denn egal, wo es ist, es bleibt überall dasselbe Elektron. Ich nenne so ein Teilchen einfach nur **Blob**.

Nicht Bob, sondern Blob. Oder auch Quantenblob. Weil mir das Ganze irgendwie blobbig vorkommt. Ein Blob eben.

BLOBS WELT

Die Wellenlänge, also die Verschmiertheit, des Blobs hängt von seiner Masse ab. Also davon, wie schwer das Teilchen ist. Je kleiner die Masse, desto größer der Blob beziehungsweise desto größer die quantenmechanische Wellenlänge. So nennen wir Physiker das. Alle Teilchen sind also auch Materiewellen.

Die Geschwindigkeit des Teilchens spielt auch eine Rolle. Je langsamer das Elektron um den Atomkern schleicht, desto größer die Wellenlänge.

Gibt's noch was im Atom, außer den Elektronen? Es gibt zum Beispiel den Atomkern, der viel, viel schwerer ist als ein Elektron. Er ist so schwer, dass du ihn dir meist eher als ein Ding vorstellen kannst. Außer du schaust ganz, ganz, ganz genau hin, dann ist er auch eine Welle.

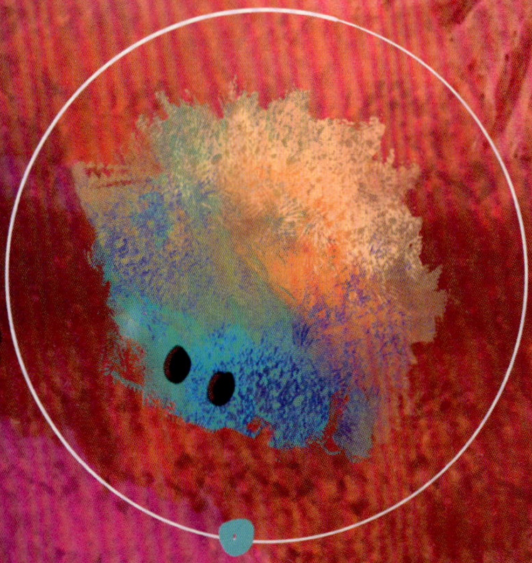

Die Elektronen aber, die den Atomkern umkreisen, sind viel leichter. Sie zeigen sich gern und offensichtlich als Welle. Ihre Wellenlänge ist oft so groß, dass sie einmal um den riesigen Kern herumreicht.

Ein Elektron ist deshalb eigentlich nicht da oder dort, wie ein Planet. Es ist irgendwie überall gleichzeitig auf seiner Umlaufbahn um den Atomkern. Wenn auch nicht überall mit der ***gleichen*** Wahrscheinlichkeit.

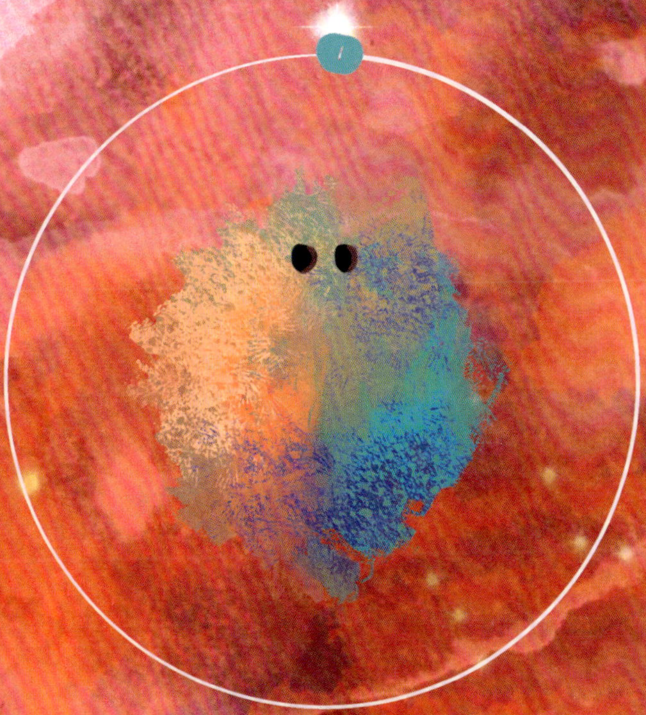

Das einfachste Atom ist das **Wasserstoffatom.** Es hat neben seinem Atomkern nur ein einziges Elektron, einen einzigen Blob. Er umschließt den Kern wie eine Nebelwolke. Je dichter der Nebel, desto wahrscheinlicher ist genau dort das Elektron.

Und es gilt: Wo kein Nebel, da kein Elektron.

WIE MAN DURCH ZWEI TÜREN GLEICHZEITIG GEHT

Schon mal an einer Weggabelung gestanden und nicht gewusst, ob links oder rechts? Blöd, dass wir Menschen uns immer entscheiden müssen. Ist dieser Weg der richtige oder der da? Treppe rauf oder Treppe runter? Durch die linke oder durch die rechte Tür? Es geht nur eins. Ein Quantenblob hat es da besser. Aber nun langsam und von vorn.

Also: Wellen sind ausgedehnt, das haben wir festgestellt. Aber sie haben auch Wellenberge und Wellentäler. Das kennst du vom Strand. Treffen sich zwei Wellen – nein, das wird kein Witz. Was passiert dann? Treffen sich zwei Wellenberge, muss dieses viele Wasser ja irgendwo hin. Klar, auf die andere Welle obendrauf. Wellenberge verstärken sich gegenseitig und werden dadurch höher. Trifft Berg auf Berg, ist es ein doppelt hoher Berg. Trifft Berg auf Tal, ist das wie null. Das sind zwei entgegengesetzte Arten von **Interferenz**.

Nächste Stufe der Erkenntnis: Drückt eine Welle durch einen schmalen Spalt in einer Mauer, wird die Welle dahinter zu einem Wellenkreis. Als würde man einen Stein ins Wasser werfen. Macht man nun direkt daneben noch einen Spalt, wird die Welle hinter der Mauer zu zwei Kreisen, ganz leicht zueinander versetzt. Dadurch entsteht ein typisches Muster. Dieses Wellenmuster nennt man ein Interferenzmuster.

Okay, dann raus aus dem Wasser, rein ins Labor. Lass uns hier ein einzelnes Elektron durch einen winzigen Spalt in einer winzigen Mauer schießen. Unser Quantenblob ist ja nun auch eine Welle. Also kriegen wir hinter dem Spalt in der Mauer auch die typische Kreiswelle. Jetzt ein zweiter Spalt daneben, und wir kriegen die Doppelwelle. Wie im Wasser.

Unser Blob ist eine Welle – und besteht aus Wahrscheinlichkeit. Wo hält er sich ***wahrscheinlich*** auf? Ist er ***da*** oder ***dort***? Hat er den linken ***oder*** den rechten Weg durch die Mauer genommen? Wir Menschen müssen uns jedenfalls für eine Möglichkeit entscheiden. Nicht aber unser Blob. Er geht mit der einen Hälfte seiner Wahrscheinlichkeit durch den rechten Spalt und mit der anderen Hälfte durch den linken. Gleichzeitig! Die Wahrscheinlichkeit kann sich aufteilen, das Teilchen aber kann es nicht. Wenn das nicht verrückt ist, was ist dann verrückt?

WAHRSCHEINLICH ZUFALL

»Wahrscheinlich« ist ein Wort, das nicht jeder mag. Wahrscheinlich gibt es bald wieder schönes Wetter, mehr Taschengeld, eine neue Spielekonsole, aber nur wahrscheinlich. Warum nicht sicher? Das nur Wahrscheinliche wirkt wie ein Störfaktor in der Welt, irgendwie schnell gemacht, nicht zu Ende gedacht. Nicht kontrollierbar und konkret, ein bisschen hingeschludert fast, jedenfalls unvorhersehbar. Fakt ist: Am tiefsten Grund der Materie finden wir kaum noch Dinge und klare Tatsachen, stattdessen immer mehr Zufälle und Wahrscheinlichkeiten. Sie scheinen eine Art Fundament der Welt zu bilden. Man meint, ein Wissenschaftler würde die Welt lieber auf einem Betonsockel aus Exaktheit ruhen sehen. Irrtum!

Ich bin kein Opfer des Unvorhersehbaren, im Gegenteil. Ich kann Wahrscheinlichkeiten exakt berechnen. Auf Punkt und Komma. Und deshalb besteht die Quantenphysik darauf: Wahrscheinlichkeit lässt sich mit fundamentaler Exaktheit vorhersagen! Es handelt sich also um exakte Wahrscheinlichkeit. Und doch mündet sie am Ende in den Zufall.

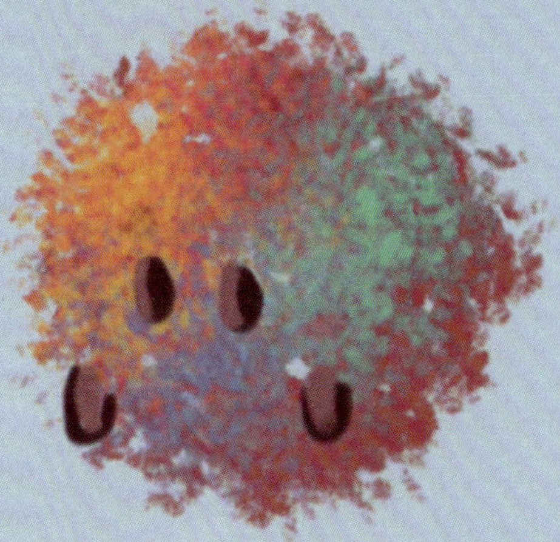

Und so kann man unseren Blob nur mit einer gewissen Wahrscheinlichkeit an einem Ort antreffen. Und zwar grundsätzlich. Es ist keine Frage fehlender Informationen, sondern es ist ein Prinzip der Natur.

Was eine einzelne Messung bringen wird, ist völlig offen. Es ist Zufall. Es ist sogar ein **objektiver Zufall**. So nennt man einen Zufall, den das Universum nicht mal selbst vorhersagen könnte. Der entsteht nämlich ohne eine klare Ursache.

Er ist der beste, perfekteste Zufall überhaupt. Zufälliger als jede Lottoziehung. Sozusagen die zufällige Antwort auf eine ganz und gar nicht zufällige quantenphysikalische Frage.

HALBE SACHEN

»Der Anfang ist die Hälfte des Ganzen«, sagte der Philosoph Aristoteles. Aber was kann man eigentlich alles halbieren? Ein Brötchen, klar. Einen Apfel? Könnte man den auch halbieren? Na sicher. Und einen Quantenblob? Ein klares: Jein.

Ein Blob kann gleichzeitig an mehreren Orten sein. Was passiert, wenn ich ihm den Aufenthalt an genau zwei Orten erlaube? »Lieber Blob, du hast diese zwei Türen dort. Such dir aus, durch welche von beiden du gehst ...« Dann geht er gleichzeitig durch beide Türen! Darüber wundere ich mich jedes Mal. Ich kann es selbst kaum begreifen.

Anschnallen bitte, jetzt wird es richtig verrückt!

Die beiden Hälften des Blobs unterscheiden sich nämlich in einem wichtigen Punkt von den beiden Hälften eines Brötchens oder eines Apfels. Es sind nicht die Hälften eines Dings. Es sind zwei Hälften einer ***Wahrscheinlichkeit***! Ein Blob ist immer nur mit einer gewissen Wahrscheinlichkeit irgendwo, außer man guckt ganz genau hin. Dann ist er genau da, wo er sich zu erkennen gibt. Guckt man nicht so genau hin, dann kann der Blob durch zwei Türen gehen. Nach den beiden Türen, oder eigentlich den beiden Spalten, wird der Blob zu so einer in sich verschobenen doppelten Welle.

Nur dass der Blob keine Meereswelle ist, dafür eine **Wahrscheinlichkeitswelle**! Das Prinzip bleibt das gleiche: Berg und Berg gleich höherer Berg, aber Berg plus Tal gleich null. Wie bei einer Welle aus Wasser, entsteht das Interferenzmuster jetzt in dieser Welle aus Wahrscheinlichkeit.

SUPERBLOB

Stell dir vor, du hättest eine Superkraft: Nämlich immer nur dann an dem Ort zu sein, an dem du gesucht wirst, ***wenn*** du gesucht wirst. Das könnte einem zu Hause eine Menge Ärger ersparen. Der Blob hat genau diese Fähigkeit. Erst mein Blick, also meine Messung, bringt den Blob dazu, sich für einen ***bestimmten*** Ort zu entscheiden. Damit bricht die Wellenfunktion zusammen, wie wir in der Quantenphysik sagen. Das heißt, der Blob schrumpft und ist nur noch an einem Ort. Er wird zum Teilchen. Denn die Welle ist ja sozusagen eine Welle der ***Möglichkeiten***. Wenn es aber keine Möglichkeiten mehr gibt, sondern Fakten, dann gibt es auch keine Welle mehr. Und warum kann *ich* dann nicht einfach durch zwei Türen gleichzeitig gehen? Also ganz heimlich, wenn keiner hinschaut.

Daran ist die ***de-Broglie-Wellenlänge*** schuld, benannt nach dem französischen Physiker de Broglie. Diese Wellenlänge ist desto kleiner, je größer die Masse ist. Tja, und meine Masse ist leider recht groß. Bei mir müssten die beiden Türen, durch die ich gleichzeitig gehen will, eng beieinander sein.

So eng, dass sie winzig sein müssten, um so wenig Abstand zu haben. Viel kleiner als mein kleiner Zeh. Durch solch eine Tür passe ich natürlich nicht durch.

Ein Elektron aber ist dafür klein genug. Es ist praktisch unendlich klein. Man könnte sagen, es hat gar keine Größe. Ein Quantenblob ist nicht soooo klein. Jedenfalls nicht, wenn wir ihn tiefkühlen. Moment! Warum sollte man ihn kühlen? Das hat mit der Größe zu tun, in der wir unseren Blob gern hätten. Es gibt zwei Dinge, die dabei wichtig sind. Zum einen die **Masse**. Je kleiner die Masse, desto mehr verteilt ist der Blob. Zum anderen die **Geschwindigkeit**. Je langsamer mein Elektron, desto blobbiger ist es. Und die Geschwindigkeit hängt mit der Temperatur zusammen. Durch eisige Kälte mache ich Elektronen langsamer und ihre Wellenlänge größer.

Und so kann ich sie auch durch zwei Türen gleichzeitig schicken. Als Blob, der schon immer ***Superblob*** war. Ein Blob mit Superkraft, nämlich der Gabe, immer da zu sein, wo man ihn sucht – aber nur dann, wenn man ihn sucht.

QUANTEN SICHTBAR MACHEN

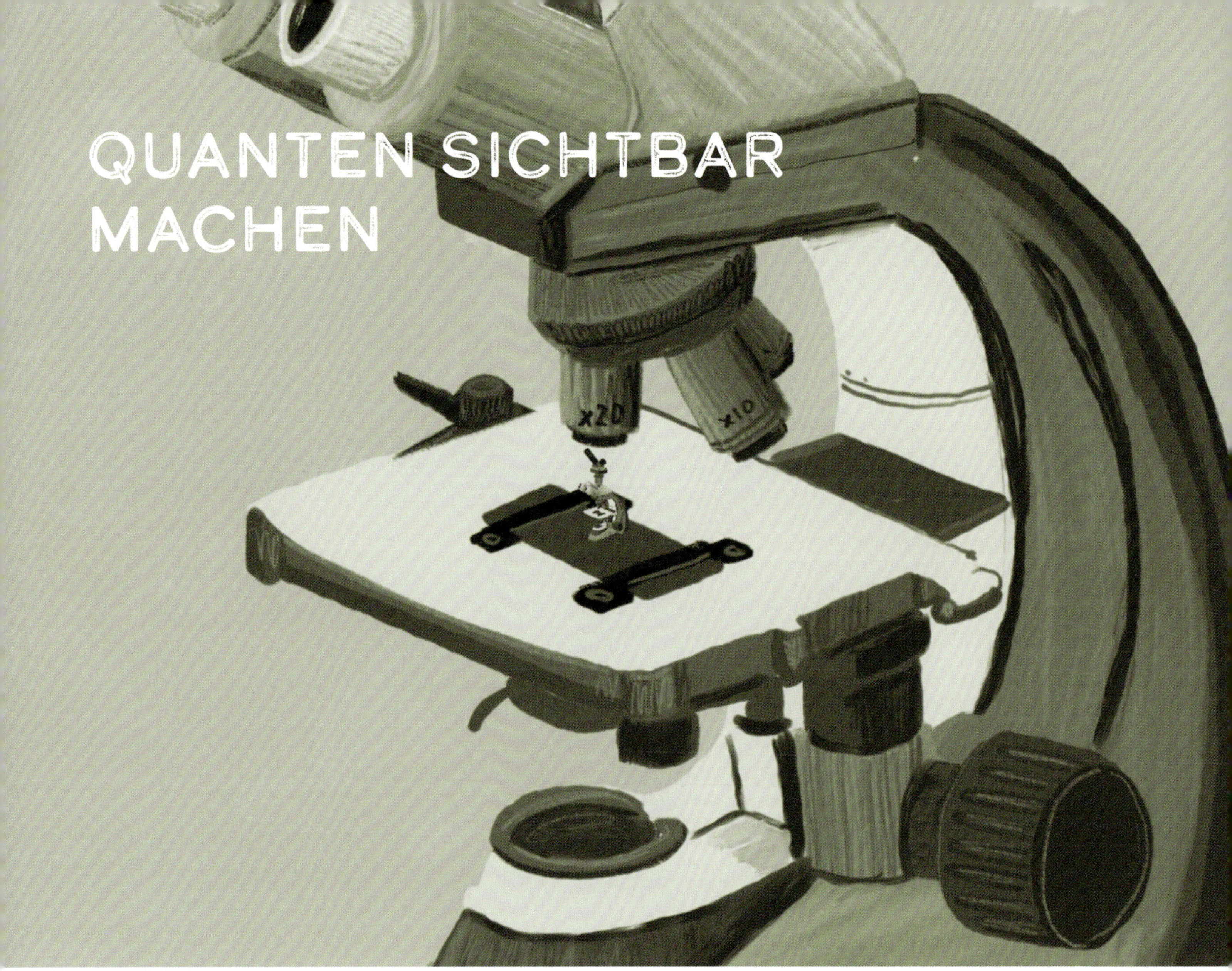

Die Quanten zeigen sich und ihre Wellen oft nur im Kleinen. In einer Welt, die nicht mal ein Mikroskop so einfach zeigen kann. Auch kein Mikroskop unterm Mikroskop unterm Mikroskop. Und so weiter. Wie klein sind die Dinger denn? Oder anders gefragt: Was ist eigentlich unser Problem?

Leider kann man Quanten-Strukturen nur dann genau erkennen, wenn sie sich auf der Längenskala des Lichts befinden. Ohne Licht sieht man nix, klar.

Licht ist auch eine Welle, aber ohne Teilchen. Oder genauer gesagt: ohne Teilchen, die was wiegen. Anders als ein Elektron. Ein Elektron ist zwar klein, aber es wiegt was. Ein Lichtteilchen hingegen wiegt nichts.

Die **Photonen**, so heißen die Lichtteilchen, schwingen als elektrische und magnetische Felder durch die Gegend.

Sie starten in der Sonne. Und am Ende fallen sie durch die Lamellen der Jalousie vor deinem Fenster auf die Seite des Buches, das du gerade liest. Deshalb siehst du was. Und weil du Augen hast. So wie du Augen brauchst, um was zu sehen, wie du Ohren brauchst, um was zu hören, und wie du Finger brauchst, um was zu fühlen, so brauchst du das passende Instrument, um Quanten zu erkennen.

Und um das zu schaffen, braucht man etwas, das genauso klein ist wie die Quanten selbst. Ein einzelnes Atom ist zum Beispiel klein genug. Also setzen wir ein Eisenatom auf eine glatt polierte Kupferoberfläche. Man kann sogar einen ganzen Ring aus Eisenatomen bauen. Die sehen dann wie Punkte aus und nicht wie Blobs, weil sie schwer genug sind.

So entsteht in der Mitte eine Art Schwimmbad. Und mitten im Schwimmbad erkennt man eine Welle. Und was ist diese Welle? Richtig: Das sind die Elektronen. Sie sind in diesem kleinen Quanten-Schwimmbad gefangen! Und das kann man durch ein sehr spezielles Mikroskop sehen.

Die Atome wachen wie kleine böse Bademeister darüber, dass unsere quantenmechanischen Elektronen das Schwimmbecken nicht verlassen.

MIT ATOMEN IN DIE STEINZEIT

Atome können die Zeit messen. Sie können dabei helfen, Quanten sichtbar zu machen. Was können sie noch? Können sie fliegen? Klar. Zum Beispiel auf dem Rücken einer Drohne.

So fliegen sie durch den Himmel. Dabei stecken sie in einem **Magnetometer**. Dieses Gerät misst, wie stark ein Magnetfeld ist. Es hat schärfere Augen als ein Adler.

Die Archäologie benutzt dieses Gerät, um von oben auf die Erde zu schauen. Im Boden erkennt es Strukturen, die nicht natürlich sein können. Mauern einer uralten Stadt zum Beispiel. Wie geht das?

So ein Atom kann vieles zugleich. Es ist eben auch ein winziger Magnet. Was passiert, wenn so ein Atom in einem Magnetometer unten am Boden ein Magnetfeld spürt?

Dann ändert sich die Taktfrequenz seiner Schwingung. Das Magnetfeld zupft sozusagen am Elektron. Es ist nur eine Winzigkeit. Aber das reicht schon aus. Denn wir können Schwingungen unfassbar genau messen. Indem wir den Unterschied zwischen der Schwingung vorher und der Schwingung jetzt bestimmen, messen wir das Magnetfeld der Erde unter uns. So erkennt die Drohne mit dem Magnetometer von oben zum Beispiel eine alte Straße der Römer. Oder eine alte Siedlung der Germanen. Oder sogar ein Grab aus der Steinzeit.

Doch wie geht das? Wenn die Leute früher etwas gebaut haben, wurden Bäume benutzt und Steine aus der Umgebung. Vielleicht auch ein paar Nägel aus Eisen, Schnüre aus Hanf und so weiter. Manche der Materialien sind leicht magnetisch.

Viele Bauwerke, egal ob der Tempel einer unbekannten Zivilisation, ein germanisches Langhaus oder ein Römerkastell, haben eine Art magnetischen Fingerabdruck. Ein Magnetometer in einer Drohne kann diese magnetischen Abdrücke von oben erkennen.

Und es gibt sogar Bakterien, die dem Magnetometer helfen. Sie fressen altes, verfaultes Holz, das früher mal zum Bau von Brücken oder Häusern benutzt wurde. Manche dieser Bakterienarten sind **magnet-taktil**, so heißt das. Das bedeutet, sie reagieren auf Magnetfelder. Sie haben in ihren winzigen Körpern viele Mikropartikel, kleine Teilchen, die magnetisch sind. Und die richten sich wie Kompassnadeln an Magnetfeldern aus. Die Bakterien nutzen das zur Orientierung. So bewegen sich Millionen und Milliarden von Bakterien geordnet vorwärts. Immer an den Magnetfeldern entlang. Irgendwann haben die kleinen Holzfresser dann ihr letztes verfaultes Hölzlein gefressen und segnen das Zeitliche. Sie bleiben leblos, wie Kompassnadeln ausgerichtet, liegen und helfen so noch Tausende Jahre später der Archäologie.

Mithilfe von Atomen kann man uralte Spuren der Menschheitsgeschichte entdecken. Wo früher Spaten und Spitzhacke benutzt wurden, verwendet man heute Hightech.

BEIM DENKEN ZUGUCKEN

Atome sind magisch. Oder sind sie selbst die Magier? Für mich stimmt beides. Hast du schon mal von Mentalisten gehört? Das sind Menschen, die sich auf das Gedankenlesen spezialisiert haben. Wenn man in so einer Zaubershow sitzt, kommt man aus dem Staunen nicht mehr raus. Diese Zauberer können einem scheinbar aus dem Nichts das Geburtsdatum oder die Telefonnummer oder sogar die Kontonummer sagen. Man muss nur an etwas Bestimmtes denken, während sie einem tief in die Augen sehen. Es fühlt sich an, als würden sie einem direkt ins Gehirn schauen. Als würden sie einem beim Denken zugucken! Aber geht so was wirklich?

Einen Gedanken könnte man sich erst mal als einen Spannungsimpuls vorstellen. Also ein kleiner Stromstoß, ein Strömchen, das hin und her geschickt wird. Die Stromkabel in unserem Hirn heißen Neuronen. Da fließen die Ströme durch.

Das erinnert fast an einen Computer. Nur dass unsere Kopfkabel viel komplizierter miteinander verschaltet sind. Es ist sogar so kompliziert, dass die Forschung noch nicht alles im Detail versteht. Niemand weiß ganz genau, was da in unserem Dachstübchen vor sich geht. Wir haben etwa einhundert Milliarden Nervenzellen, die kreuz und quer Stromimpulse verschicken. Das ist ein riesiges Wirrwarr an Signalen. Man kann also nicht einfach sehen, woran du gerade denkst. Aber man könnte sicher sehen, dass du intensiv an irgendwas denkst. Auch wenn man nicht sagen kann, was es genau ist. Wenn in unserem Hirn Ströme fließen, dann muss es auch Magnetfelder geben. Denn Strom erzeugt magnetische Felder, so einfach ist das. Diese Felder wiederum ziehen und zerren an einem Atom, bis es sich leicht verbiegt. Damit verändert sich die Frequenz, in der es schwingt. Und diese Änderung können wir messen.

Wie alles in der Wissenschaft hat auch dieser Vorgang einen komplizierten Namen. Das Verfahren heißt **Enzephalografie**.

WIE FUNKTIONIERT EIGENTLICH WISSENSCHAFT?

Meine wissenschaftliche These: Alle Pinguine sind schwarz-weiß. Etwa nicht?

Hast du schon mal einen Pinguin gesehen, der grün war oder gelb oder sogar bunt? Oft hat man von der Wissenschaft erwartet, dass sie für so eine Pinguin-These Beweise vorlegt. Aber wie wäre das möglich? Niemand kann sich alle Pinguine am Südpol anschauen.

Der Philosoph Karl Popper hat die Wissenschaft vom Kopf auf die Füße gestellt. Er hat das Prinzip der **Falsifizierbarkeit** eingeführt. Was heißt das? Das heißt, dass die Forschung eine These als falsch zeigen muss. Und soll! Denn nur durch diese Kritik an den Thesen kann sich Wissenschaft bestens entwickeln. Anstatt zu beweisen, dass die Quantenphysik ***keine*** Denkfehler macht, soll die Forschung nun zeigen, ***dass*** die Quantenphysik Denkfehler macht. Also falls sie welche macht.

Um die Quantenphysik auf Fehler zu untersuchen, bevorzugt die Wissenschaft eine Methode: Experimente, Experimente, Experimente! Eines der berühmtesten Experimente hat der Quantenphysiker Alain Aspect im Jahr 1982 durchgeführt. Dabei wollte er eigentlich einem Widerspruch auf den Grund gehen. Handelte es sich etwa um einen Denkfehler? Statt eines Fehlers fand Aspect den härtesten Beweis für die Gültigkeit der Quantenphysik. Das Experiment ist in den letzten Jahrzehnten in Hunderten Varianten Tausende Male wiederholt worden. Immer mit dem gleichen Ergebnis: Die Welt ist im Innern ganz anders, als wir sie uns vorstellen. Sie ist ziemlich verrückt. Vereinfacht gesagt: Sie ist zumindest in dem, was Physiker die klassische Welt nennen, nicht objektiv vorhanden.

Ach ja, es sind übrigens nicht alle Pinguine schwarz-weiß!
Der Zwergpinguin zum Beispiel ist blau-weiß. Er lebt in Neuseeland.
Damit habe ich meine anfängliche These selbst falsifiziert.

DIE GRENZEN DES WISSENS

»Nichts existiert außer Atomen und leerem Raum, alles andere sind nur Meinungen.« So ungefähr hat es der griechische Philosoph Demokrit vor etwa 2500 Jahren gesagt. Für ihn war ein Atom das kleinste, unteilbare Ding, ohne Farbe, ohne Geruch, ohne Eigenschaften, der Grundbaustein der Welt. Manches daran ist richtig, manches falsch.

Erstaunlich für mich ist: Zweieinhalbtausend Jahre später stellen sich die meisten Leute – so wie einst Demokrit – ein Atom immer noch als einen Körper vor, der sich an einem bestimmten Ort kugelt. Ein Ding wie ein Ball, nur eben winzig. Keine Spur von Welle. Diese Idee setzt sich Jahrhunderte in den Köpfen fest. Auch Isaac Newton steht im frühen 18. Jahrhundert noch immer in dieser Denktradition. Die Physik, die nach ihm kam, ist in den letzten 300 Jahren an der Menschheit ziemlich vorbeigegangen. Das liegt daran, dass die Newton-Physik unserer Intuition am meisten entspricht. Sie beschreibt die Welt auf eine Weise, wie wir sie uns gut vorstellen können. Außerdem kann man ohne Probleme Fahrräder und Häuser damit bauen.

Die Quantenphysik ist zwar auch schon über hundert Jahre alt, aber bis heute stellt sie selbst einen Quantenphysiker, wie ich einer bin, vor große Probleme. Wie soll man denn auch verstehen, dass ein Quantenblob auf zwei Bahnen ***gleichzeitig*** um einen Atomkern kreisen kann? Oder dass ein ganzes Atom an mehreren Orten ***gleichzeitig*** sein kann? Was zum Kuckuck bedeuten all ihre Rätsel? Quantenphysik ist zum Glück Wissenschaft. Man kann den Blob messen. Und man kann ihn sich sogar unter einem Mikroskop anschauen.

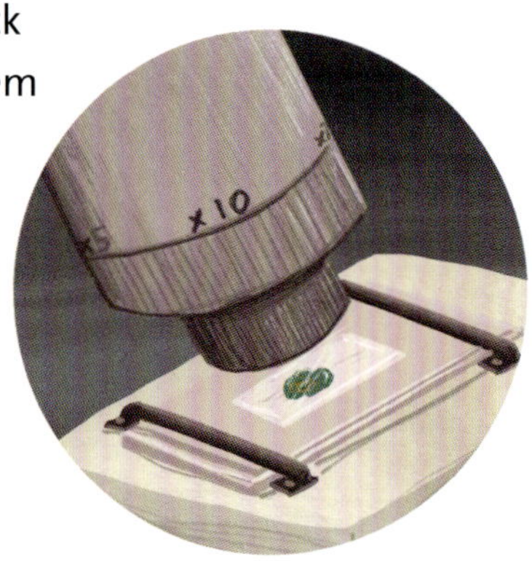

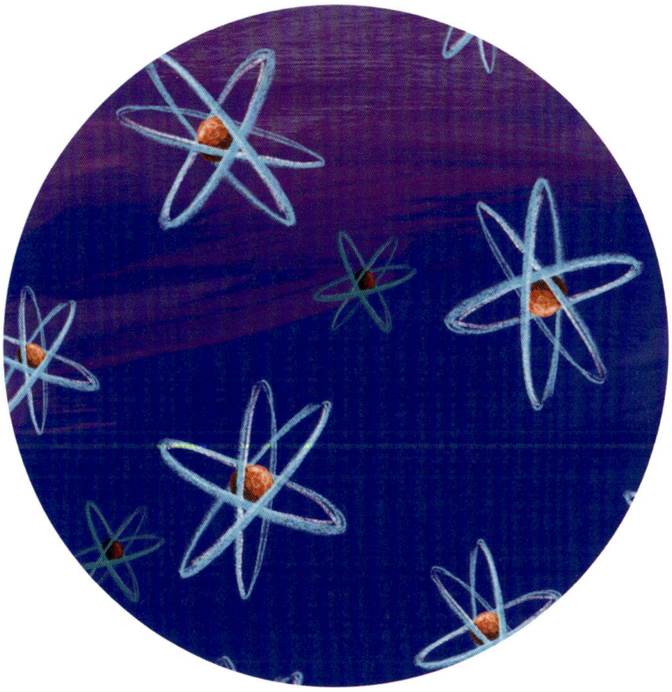

Aber jede Messung bringt ein neues Problem mit sich: Denn schauen wir den Blob an, verändern wir seine Natur – das haben wir bereits bei dem Experiment mit den beiden Spalten in der Mauer festgestellt. Der ***angeschaute*** Blob ist nicht mehr der ***nicht angeschaute*** Blob. Er besitzt andere Eigenschaften.

Man kann nie alle Eigenschaften eines Blobs messen.

Eine Katze auf ihrem Streifzug ist immer an einem bestimmten Ort mit einer bestimmten Geschwindigkeit unterwegs. Das könnte man filmen und auf den Millimeter genau bestimmen. Beim Blob geht das prinzipiell nicht. Man kann entweder sagen, wo er ist, oder wie schnell er ist. Aber man kann nie beides gleichzeitig genau bestimmen. Das nennt man **quantenmechanische Unschärfe.**

Könnten wir den Blob nicht einfach kopieren und vorsichtig an jeder Kopie nur eine einzige Eigenschaft messen? Und danach alles zu einem Gesamtbild zusammensetzen? Leider unmöglich. Jede Kopie ist zu bestimmten Teilen immer fehlerhaft. Klonen ist unmöglich.

Deshalb gibt es das **No-Cloning-Theorem.** In unserer Arbeitssprache Englisch heißt das so was wie: Nicht-Klon-Theorie. Und deshalb werden wir nie alles wissen können. Egal, wie sehr wir uns anstrengen. Die Natur verbietet es uns mit einem ihrer Gesetze. Der Philosoph Demokrit würde staunen, was in der Zwischenzeit aus seinen Atomen geworden ist.

MIR GEHT EIN LICHT AUF

Wenn ich nicht forsche, dann ist es oft schon Nacht. Auf dem Heimweg, in der Dunkelheit, schaue ich gern in den Sternenhimmel. Mir kommt dann häufig der Gedanke, dass ich eigentlich die Vergangenheit betrachte. Das Sternenlicht, das ich heute sehe, ist schon seit Ewigkeiten auf Reisen.

Wenn ich die Augen zukneife, bilde ich mir ein, ich könnte einzelne Sterne des Andromedanebels erkennen. Obwohl das unmöglich ist. Seit 2,5 Millionen Jahren ist das Licht dieser Galaxis unterwegs, wenn ich es endlich sehe. Theoretisch könnten diese Sterne also seit über zwei Millionen Jahren nicht mehr existieren.

Das Licht der Sonne hingegen braucht nur gut acht Minuten bis zur Erde. So erzählt uns Licht von der Vergangenheit. **Aber was ist eigentlich Licht?** Ist es eine Welle? Besteht es aus Teilchen? Oder hat es auch zwei Seiten, so wie unsere Elektronen? Es ist genau so, Licht zeigt sich als Welle und als Teilchen! Man nennt das **Dualismus**, vom lateinischen duo abgeleitet. Das heißt: zwei. Wegen der zwei Seiten.

Ist Licht also irgendwie das Gleiche wie Atome? Nein, es ist ganz anders als materielle Teilchen. Licht kann zwar genau wie Materieteilchen interferieren, also seltsame Wellen-muster bilden. Es kann um die Ecke biegen, und es kann überhaupt alles, was man Nützliches können muss. Außer vielleicht Geschirr spülen. Licht ist immer unterwegs, und zwar mit Lichtge-schwindigkeit. Das ist die höchste Geschwindigkeit im Universum: 300.000 Kilometer in der Sekunde. Einmal mit den Fingern schnippen, und das Licht ist über sieben Mal um die Erde gerast. Wahnsinn, was für ein Speed!

Licht steht nie still, Licht ruht sich nie aus. Licht gibt immer Vollgas. Und warum? »Weil ich's kann«, würde das Licht antworten. Wenn es auch noch sprechen könnte. Und warum ist es kein Problem für unser Licht? Weil es leicht ist. Genauer gesagt: sehr leicht. Extrem leicht, denn es wiegt nichts. Absolut gar nichts! Es hat keine Masse. Trotzdem kann es etwas anschubsen. So wie eine Kugel eine andere anschubsen kann.

PLANCK UND DIE PHOTONEN

Wenn dir die Sonne ins Gesicht scheint, wird die Haut warm. Wieso eigentlich?

Das macht die Energie der Lichtwelle. Diese Lichtenergie kann nur bestimmte Werte annehmen und nichts dazwischen. Sie kommt in einzelnen Paketen – richtig: den Quanten! Diese kleinen Lichtquantenpakete nennt man Photonen, sagen wir mal: Lichtteilchen. Jede Lichtfarbe entspricht einer ganz bestimmten quantisierten Energie. Und wodurch wird diese bestimmt? Durch die Wellenlänge.

So ein Photon ist auch ein Blob. Er ist blau oder rot oder gelb oder weiß, je nachdem. Wie kriegt man so was raus? Indem man es untersucht, klar. Dazu braucht es Neugier. Und die richtige Person zur richtigen Zeit. Das war in dem Fall Max Planck, und der perfekte Zeitpunkt war der 14. Dezember 1900. Es geschah in Berlin.

Gerade noch war die wissenschaftliche Welt einfach und in Ordnung: Mechanik, Thermodynamik, Elektromagnetismus – die gute alte Physik. Doch ein hässliches Problem verunstaltete die einfache Schönheit: Wenn man Metall heiß macht, leuchtet es. Erst glimmt es dunkelrot, dann hellrot, und wenn es richtig heiß wird, dann gelb und schließlich fast weiß. Das nennt man **Schwarzkörperstrahlung**. Was ist daran ein Problem?

Nach den Gesetzen der alten Physik hätte es im Prinzip viel stärker leuchten müssen. Die Lösung für dieses Problem fand Max Planck. Er erklärte, dass Licht nur in bestimmten Paketen und Werten daherkommt, den Quanten. Ausgelöst zum Beispiel durch Hitze. Zwischenwerte sind unmöglich. Seine Kollegen waren verblüfft. Wie groß wäre denn solch ein Lichtenergiepaket? Auch darauf hatte Planck eine Antwort.

Für das Verhältnis zwischen der Frequenz des Lichts und dessen Energie gab Planck eine Konstante namens ***h*** an, ***h*** wie Hilfskonstante. Weil er sich damit ***behalf***. Er ging davon aus, dass sich das Ganze irgendwie errechnen lassen würde. Aber Pustekuchen!

Planck hatte nämlich eine ganz neue Welt entdeckt, ohne es zu wollen oder zu ahnen. Eine Welt, in der die Formeln der alten Physik nicht mehr galten: die Quantenphysik. Dieses h steht heute für das **Plancksche Wirkungsquantum**. Es wurde zur Grundlage einer neuen Physik. Es lässt sich nicht errechnen, sondern nur messen. Denn es steckt in der Welt drin. Es ist eine Naturkonstante.

EINSTEIN UND DIE QUANTEN

»Wenn die ganze Quantenphysik so superkomisch ist, vielleicht irrt ihr euch ja? Vielleicht ist es eben nur eine Theorie? Eine Theorie kann ja auch falsch sein.« So was höre ich öfter, wenn jemand anfängt zu begreifen, wie seltsam unsere Welt aufgebaut ist. Oder zumindest sein soll. Diese Zweifel hatte sogar der berühmteste Physiker aller Zeiten: Albert Einstein. Kann man Quanten denn nachweisen? Kann man. Und es fing mit Einstein an.

Vor über hundert Jahren beobachtete man ein Phänomen, das man sich nicht erklären konnte: den **Photoeffekt**. Wenn Licht auf Metall trifft, löst die Energie Elektronen aus der Metalloberfläche. Allerdings benötigen die Lichtphotonen mindestens so viel Energie wie ebenjene Menge, die unsere armen Elektronen im Metall gefangen hält. Es braucht einfach das passende Quantum Energie, sonst passiert gar nichts.

Das hatte Einstein erkannt und 1905 eine Arbeit dazu verfasst. Dafür bekam er den Nobelpreis. Und doch hatte er seine Probleme mit der Quantenphysik. Ein Blob, der Welle und Teilchen ist, je nachdem, ob man ihn anschaut oder nicht, das kam Einstein ziemlich spanisch vor. Ein Universum, dessen Gestalt von den Blicken der Menschen abhängt, das war ihm nicht geheuer.

So suchte Albert Einstein in der von ihm entwickelten Relativitätstheorie nach einer Lösung für seine Probleme mit der Quantenphysik. Einsteins ganz großer Ruhm begann damit. Dennoch sollte Bohr recht behalten. Die Quanten lösen Probleme, an denen Einsteins Relativitätstheorie scheitert. Und so befasste sich auch Einstein schließlich weiter mit den Quanten.

»Sie werden doch nicht behaupten wollen, dass der Mond nicht da oben ist, wenn niemand hinsieht?«, fragte Einstein empört seinen Kollegen Niels Bohr.

»Können Sie mir das Gegenteil beweisen?«, antwortete Bohr nur knapp.

Ach ja, warum ist der **Photoeffekt** nun ein Nachweis für die Quanten? Simpel gesagt: Weil das Elektron aus dem Metall springt, wie von einem Teilchen getroffen – zack! – und nicht wie von einer Welle herausgespült. Und weil es so abrupt springt, muss ein Teilchen dahinterstecken. So kommen die Quanten ins Spiel. Denn sie sind nicht nur Welle, sie sind auch Teilchen.

SCHRÖDINGERS KATZE

Einstein, Planck, Aspect, sie alle haben mit ihren Experimenten etwas mehr über die Quanten herausgefunden. Doch welches ist das berühmteste Experiment der Quantenphysik? Ohne jede Frage ist das: Schrödingers Katze! Hast du schon mal davon gehört?

Es war ein Gedankenexperiment. Solche Experimente macht man, wenn es nicht möglich ist, ein echtes Experiment im Labor zu machen. Weil zum Beispiel die nötige Technik noch nicht entwickelt ist.

Der Physiker Erwin Schrödinger hat es sich ausgedacht. Viel später wurde das Experiment ohne Katze, aber mit Teilchen erfolgreich im Labor durchgeführt. Es beweist die sogenannte Superposition. Das ist die Eigenschaft der Materie, unter bestimmten Voraussetzungen in mehreren Zuständen gleichzeitig zu existieren. Jedenfalls, solange niemand hinschaut.

Schrödingers Gedanken-Katze wird also in eine blickdichte Holzkiste gesperrt. Gemeinsam mit einer abenteuerlichen Apparatur, bestehend aus Säureflasche, Hammer, einem instabilen Atomkern und einem Geigerzähler. Das ist ein Messgerät für Radioaktivität. Die Chance der Katze beträgt genau 50 Prozent, eine Stunde in dieser Kiste zu überleben. Schaut man nach einer Stunde hin, ist die Katze entweder tot oder eben lebendig. Fifty-fifty!

Solange man aber ***nicht*** nachschaut, wäre die Katze tot ***und*** lebendig. Also in einem Zustand der Superposition. Erst der Blick des Experimentators in die Kiste zwingt die Katze dazu, sich zwischen Tod und Leben zu entscheiden.

Schrödingers Katze hat es im Laufe der Jahrzehnte zu großer Berühmtheit gebracht. Sie ist ein echtes Phänomen. Man könnte sie zum Wappentier der Quantenphysik machen. Oder wenigstens zum Maskottchen.

PHOTONEN IM URLAUB

Eines der größten und unbegreiflichen Geheimnisse der Quantenphysik ist die Verschränkung. Was daran so unbegreiflich ist? Nehmen wir zwei Lichtteilchen, also zwei Photonen. Wir wollen sicher sein, dass sie sich nichts gegenseitig zuflüstern. Deshalb bringen wir das eine auf die Insel La Palma und das andere auf die Insel Teneriffa. Das sind 120 Kilometer Luftlinie. Der Quantenphysiker **Anton Zeilinger** hat dieses Experiment durchgeführt.

Jetzt fragen wir das Photon X auf La Palma nach seinem Zustand. Es sagt uns vielleicht: »Mein Quantenzustand ist linksherum«. Aha. Und gleichzeitig fragen wir das Photon Y auf Teneriffa nach dessen Zustand. Dann sagt es uns: »Mein Quantenzustand ist rechtsherum«. Mit gleichzeitig meine ich: so richtig gleichzeitig. Atomuhrgenau sozusagen. Jetzt gibt es zwei Dinge, die unbegreiflich sind.

Erstens: Ob mir Photon X »linksherum« oder »rechtsherum« antwortet, ist Zufall. Objektiver Zufall. Das bedeutet, dieses Photon und keine andere Instanz im Universum kennt die Antwort, ***bevor*** ich die Frage stelle. Erst meine Frage ***erschafft*** die Antwort.

Zweitens: Wenn Photon X »linksherum« antwortet, ***muss*** Photon Y »rechtsherum« antworten. Oder umgekehrt: Photon X sagt »rechtsherum«, dann sagt Photon Y »linksherum«. Und zwar gleichzeitig. So gleichzeitig, dass nicht mal der Augenblick bleibt, in dem es Licht von La Palma nach Teneriffa schaffen würde. Also ***kann*** es keinen Informationsaustausch zwischen den beiden Photonen geben. Unmöglich! Trotzdem kennen beide Teilchen die Antworten des jeweils anderen. Obwohl 120 Kilometer zwischen ihnen liegen.

Einstein hat diese Verschränkung »spukhafte Fernwirkung« genannt. Und er hat gehofft, dass es dafür eines Tages eine vernünftige Erklärung geben würde. Dass die Photonen eine Art Spickzettel dabeihätten, auf dem steht, was der andere tun würde. ***Aber*** es gibt keine verborgenen Variablen, wie wir das in der Physik nennen. **Alain Aspect** hat mit einem Laborexperiment 1982 bewiesen, dass die Welt der Quanten genauso verrückt ist, wie sie erscheint.

Dazu änderte er in einem Laborversuch die Ausrichtung von Polarisatoren blitzschnell, während sich Photonenpaare auf diese hinbewegten. Jedes Photon hatte zu wenig Zeit, um noch schnell Informationen mit seinem Partnerphoton auszutauschen, das schon durch einen der Polarisatoren geschlüpft war.

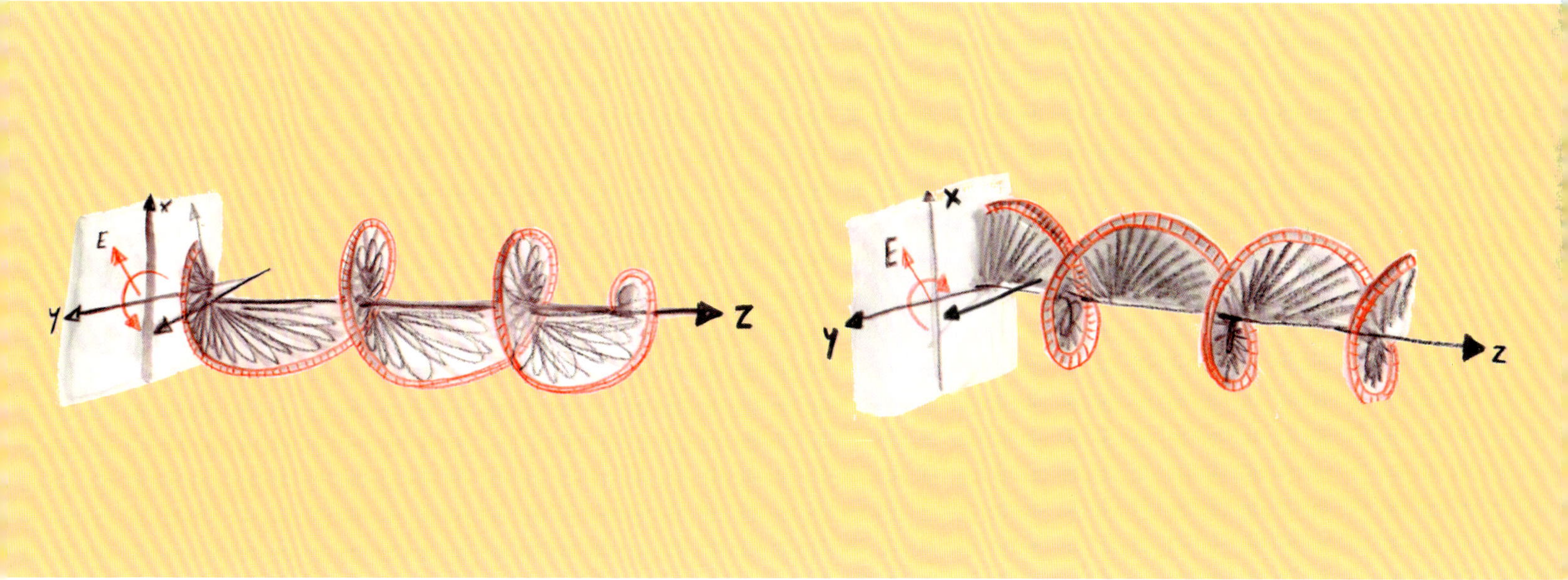

»Hey, drehst du dich links- oder rechtsherum?« Das ging nicht. Das Photon musste ganz allein entscheiden, durch welchen Polarisator es fliegen will.

Trotzdem waren beide Photonen verschränkt! In der letzten Konsequenz hieß das: Die Welt ist entweder nicht lokal. Also es gibt kein klares Hier und Dort, kein: Wenn es hier ist, kann es nicht dort sein. Oder die Welt ist lokal, dann ist sie aber nicht objektiv. Heißt: Sie ist nicht schon so und so vorhanden, bevor ich hinsehe. Dritte Möglichkeit: Unsere Welt ist weder lokal noch objektiv vorhanden. Es gab nach dem Experiment nur noch diese drei verrückten Möglichkeiten! Ausgeschlossen war, dass die Welt so ist, wie wir sie uns eigentlich vorstellen: lokal und objektiv vorhanden. Und diese seltsame Erkenntnis verdanken wir vor allem Alain Aspect.

DAS GEHEIMNIS DER QUANTEN

Als ich noch zur Schule ging, gab es einen Trend ganz ohne Handy und Computer: Geheimschriften und Briefchen. Man konnte sie nur entziffern, wenn man den Code kannte. Der einfachste Code war a=1, b=2, c=3 und so weiter. Die Band ABBA hieß dann zum Beispiel in Geheimschrift 1221. Ein Lehrer, der das Briefchen fand, konnte den Inhalt zwar lesen, aber nicht deuten. Viele Codes waren natürlich komplizierter oder wenigstens anders.

Codes sind wie Schloss und Schlüssel bei Verschlüsselungsverfahren. In unserem Leben spielen sie inzwischen eine große Rolle. Denk nur mal an die vielen Passwörter, die man für Bankkonten, E-Mails, Game-Konsolen, Internet-Plattformen und Software braucht. Bisher lief das ohne Probleme und relativ sicher. Zukünftige Verfahren werden aber schon bald eine Gefahr für herkömmliche Verschlüsselung darstellen. Doch die Physik hat bereits eine Antwort auf diese Bedrohung. Bald wird jegliche Verschlüsselung dank der Quanten nicht nur relativ, sondern ***absolut*** sicher sein. Wie kommt das? Verantwortlich dafür ist die sogenannte **Polarisation** eines Photons, eines Lichtteilchens.

Photonen wiegen nichts und bewegen sich mit Lichtgeschwindigkeit. In ihnen schwingen elektrische Felder. Hat man zwei verschränkte Photonen, schwingt eins linksherum und eins rechtsherum. Fragt man Photon X und es antwortet mit »linksherum«, dann muss Photon Y mit »rechtsherum« antworten. Die Zustände der Photonen kann man in einen Geheimcode übersetzen. Das Wort »ABBA« zum Beispiel wäre nun sicher verschlüsselt. Niemand auf der ganzen Welt könnte den Code knacken. Das liegt daran, dass der Photonen-Blob sich durch pures Ansehen verändert.

Wenn man als Empfänger also »links« statt »rechts« lesen würde oder umgekehrt, dann wüsste man: Jemand hat versucht, sich die Nachricht anzusehen. Sie wäre durch den Leseversuch eines Fremden jedoch unbrauchbar geworden. Es ist unmöglich, den Code zu knacken und die Nachricht zu lesen. Dieses Prinzip heißt **Quantenkommunikation**. Es wird unsere Gesellschaft verändern. Geheimnisse sind bald wirklich geheim.

SCHACH MIT KÖRNERN

Wenn zwei verschränkte Teilchen schon verrückte Dinge tun, wie wäre es dann mit drei oder vier oder noch mehr Teilchen? Die ganze Idee nahm ihren Anfang vor langer Zeit.

Man sagt, der Brahmane Issa ibn Dahir habe die Urform des Schachspiels entwickelt. Er wollte seinem jähzornigen Herrscher auf intelligente Weise zeigen, dass ein König ohne Untertanen und Bauern nichts wert sei.

Der Herrscher war beeindruckt und wollte Issa belohnen. Da erteilte ihm Issa eine zweite Lehre. Er wünschte sich zur Belohnung: Weizen. Ein einziges Korn auf dem ersten Feld des Schachbretts, das dann auf jedem der 64 Felder verdoppelt würde.

Der Herrscher lachte Issa aus: Das wäre keine Bescheidenheit, sondern Dummheit! Kannst du dir denken, wie es weitergeht?

Erst sind es 2 Weizenkörner, dann 4, dann 8, doch auf dem letzten der 64 Felder ist die Menge der Weizenkörner gewaltig.

Auf der gesamten Erde gibt es nicht genug Weizen, um Issas Wunsch zu erfüllen. Probier es selbst aus!

Was bedeutet das für unsere Atome? Ein Atom kann im Zustand 0 oder 1 sein. Ein zweites auch. Kombiniert hätten wir damit vier Möglichkeiten: 00, 01, 10, 11. Nehmen wir ein drittes Atom hinzu, dann haben wir schon 000, 001, 010, 011, 100, 101, 110, 111. Acht Möglichkeiten. Noch ein weiteres dazu ergibt 16 Möglichkeiten. Also pro Atom eine Verdopplung.

Jetzt betreten wir die Welt der Quanten und ihrer Zustände. In dieser Welt befinden sich Atome in **Superposition**: Solange man nicht hinschaut, ganz genau! Wie bei Schrödingers Katze in ihrer Holzkiste.

Die Teilchen sind alles, was sie sein können – gleichzeitig. Diese Welt heißt **Hilbertraum**. Nach dem Mathematiker David Hilbert.

Den Namen verpasste der Nobelpreisträger Wolfgang Ketterle diesem »Raum aller Möglichkeiten«. Hilberträume enthalten die Idee eines Qubits.

Das Qubit ist ein Bit des Quantencomputers. Also das kleinste Rechenmodul sozusagen. Ein einzelnes Qubit kann beliebig viele Zustände zwischen zwei Möglichkeiten annehmen. Gemeinsam mit anderen Qubits kann es eine riesige Zahl von Rechnungen zur gleichen Zeit durchführen. Eine Zahl so riesengroß wie die der Weizenkörner auf dem Schachbrett des Issa ibn Dahir.

DIE GEBURT DES QUANTENCOMPUTERS

Der Quantenphysiker **Richard Feynman** war ein Genie, würde ich sagen. Schon 1982 hat er erkannt, dass es Quantencomputer geben muss – und geben wird. Denn: Man braucht einen Quantencomputer, um Quantenprobleme zu lösen. Wie könnte man mit einem normalen Computer den hilbertschen »Raum aller Möglichkeiten« berechnen? Selbst ein Rechner, der so groß ist wie eine ganze Schule, stößt da an seine Grenzen. Seine Bits kennen nur 0 und 1 – das ist zu langsam. **Qubits** haben mehr Möglichkeiten, mehr Power, die machen das alles gleichzeitig. Ein Quantencomputer muss her!

In einem normalen Computer gibt es nur zwei Zustände: Eins und Null. Was rechnet man da? Etwa 0x0=0, 1x0=0, 0x1=0 und 1x1=1. Das wäre zum Beispiel die Multiplikation.

Der Quantencomputer rechnet genauso, aber ganz anders. Gehen wir nochmal zurück auf unseren Sprungturm. Wer steht da auf dem 10-Meter-Turm? Ein Atom. Nein, zwei Atome?!

Tatsächlich. Sie fassen sich an den Händen und springen gemeinsam runter. Sie sind einander verbunden, sie sind verschränkt.

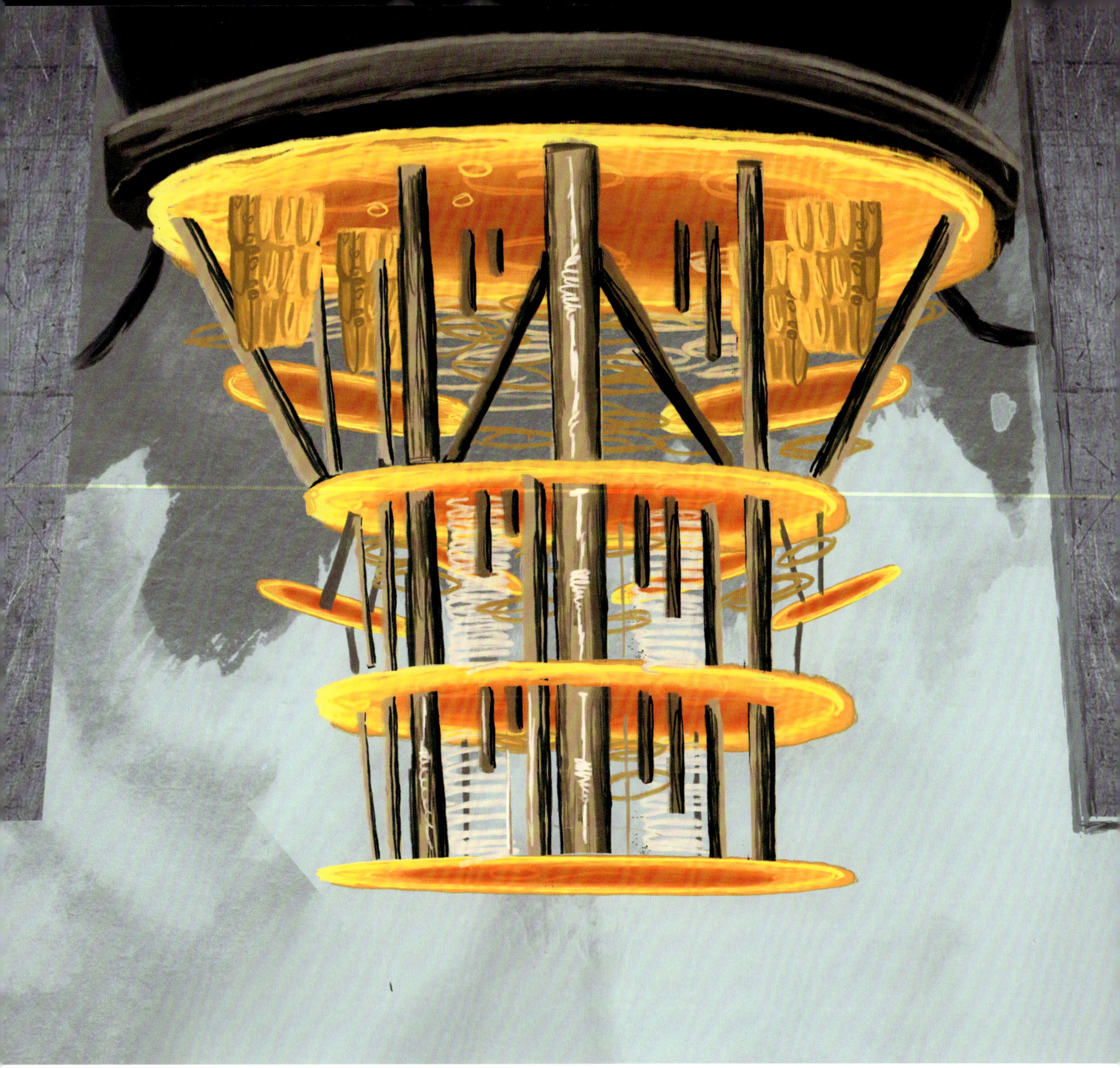

Diese Verbindung kann man auch wieder durch eine 1 ausdrücken. Und mit dieser ***neuen*** 1 rechnet der Quantencomputer. Ganz grob kannst du dir die Sache so vorstellen: Jedes Qubit hat mit einem anderen Qubit eine extra Beziehung, die Verschränkung. Daher die extra Power. In einem normalen Computer wissen die Bits nichts voneinander. Die haben keine spukhaften und geheimnisvollen Beziehungen.

Seit Richard Feynman hat sich einiges getan. Das heißt, eigentlich hat sich erst mal nicht so viel getan. Denn die notwendige Technologie für den Bau eines Quantencomputers musste zunächst entwickelt werden. Etwa ab dem Jahr 2000 gab es erste Modelle einfacher Quantencomputer in den Laboren. Heute bauen große Firmen und Universitäten Prototypen von Quantencomputern. Noch wollen die Atome nicht so, wie wir wollen. Es ist nicht leicht, die Teilchen zu zähmen und ihnen Kunststücke beizubringen. Aber schon bald wird es so weit sein.

WIE BAUT MAN EINEN QUANTENCOMPUTER?

In der Sage erobern die Griechen die Stadt Troja mithilfe eines riesigen Pferdes aus Holz. Im Bauch des Pferdes verstecken sich Soldaten, bis die neugierigen Bewohner von Troja das Riesenpferd selbst in die Stadt ziehen. Der Plan für den Bau des Pferdes erschien dem Griechen Epeios im Traum. Müssen geniale Ideen nicht immer irgendwo zwischen Traum und Realität entstehen? Schließlich bringen sie etwas Neues in die Welt. Also können sie nicht von Beginn an Teil dieser Welt sein.

Überall auf der Welt verfolgen Forschungsteams verschiedene Ansätze, um den ersten voll funktionstüchtigen Quantencomputer zu bauen. Manche arbeiten mit Diamanten, in denen kleine Löcher sind, die sich fast wie Atome verhalten. Andere benutzen Supraleiter, und momentan funktioniert das am besten. Wieder andere Teams versuchen es mit einzelnen Photonen. Oder mit Ionen. Oder sie arbeiten mit speziellen Atomen, zum Beispiel mit dem **Rydberg-Atom**. Alle sitzen gemeinsam im Trojanischen Pferd, um die Welt der Computer zu erobern. Aber jeder glaubt an eine andere Taktik.

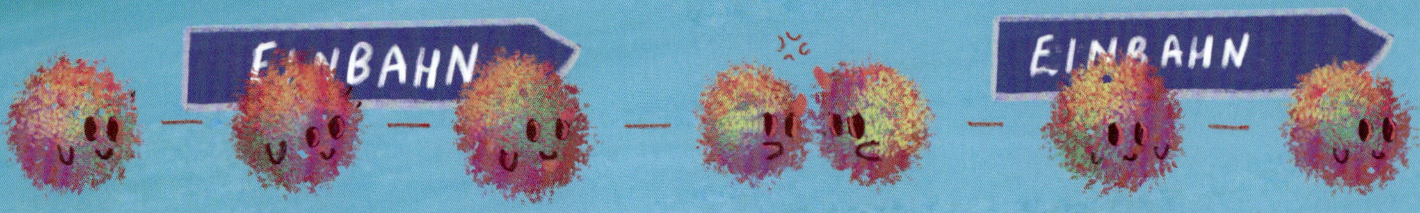

Ich glaube an die **Rydberg-Atome**. Leider bin ich da befangen. Denn: Ich mag sie. Mit Rydberg-Atomen beschäftige ich mich schon seit vielen Jahren.

Das Markenzeichen des Rydberg-Atoms ist ein ziemlich einsames Elektron, das man nicht aufs 3-Meter-Brett, auch nicht auf den 10-Meter-Turm, sondern auf den 100-Meter-Turm gestellt hat! Könnt ihr euch vorstellen, wie das platschen würde, wenn es springt? Das ist extra viel Energie, die drinsteckt. Durch den Abstand zum Wasser. Oder im Atom, durch den Abstand zum Atomkern. Hoch angeregter Zustand, nennen wir das in der Quantenphysik.

In eine Vakuumkammer kommen nun mehrere dieser Atome. Mithilfe von Lasern lässt man sie schweben. Eins neben dem anderen, aufgereiht wie Perlen an einer Schnur. Kommen sich zwei der einsamen Elektronen in den Atomen zu nahe, stoßen sie sich ab. So verbeulen sich ihre Umlaufbahnen. Die Energie beider Bahnen ändert sich dadurch. Und mit der Veränderung dieser Energien kann man rechnen. So funktioniert zum Beispiel ein Rydberg-Quantencomputer.

100 m

WOZU IST EIN QUANTENCOMPUTER GUT?

»Wie seid ihr eigentlich ins Internet gekommen, bevor der Computer erfunden wurde?« Das soll schon mal ein Kind seine Eltern gefragt haben. Früher konnte man nicht einfach seine Spielekonsole im Internet bestellen. Allein deshalb, weil es noch gar keine Spielekonsole gab. Und natürlich auch kein Internet. Es gab aber immer schon Leute, die etwas zur Haustür geliefert haben. Ohne Bestellung, einfach auf gut Glück. Der reisende Handelsvertreter, auf Englisch: traveling salesman, hat im Auto, was sich überall gut verkauft.

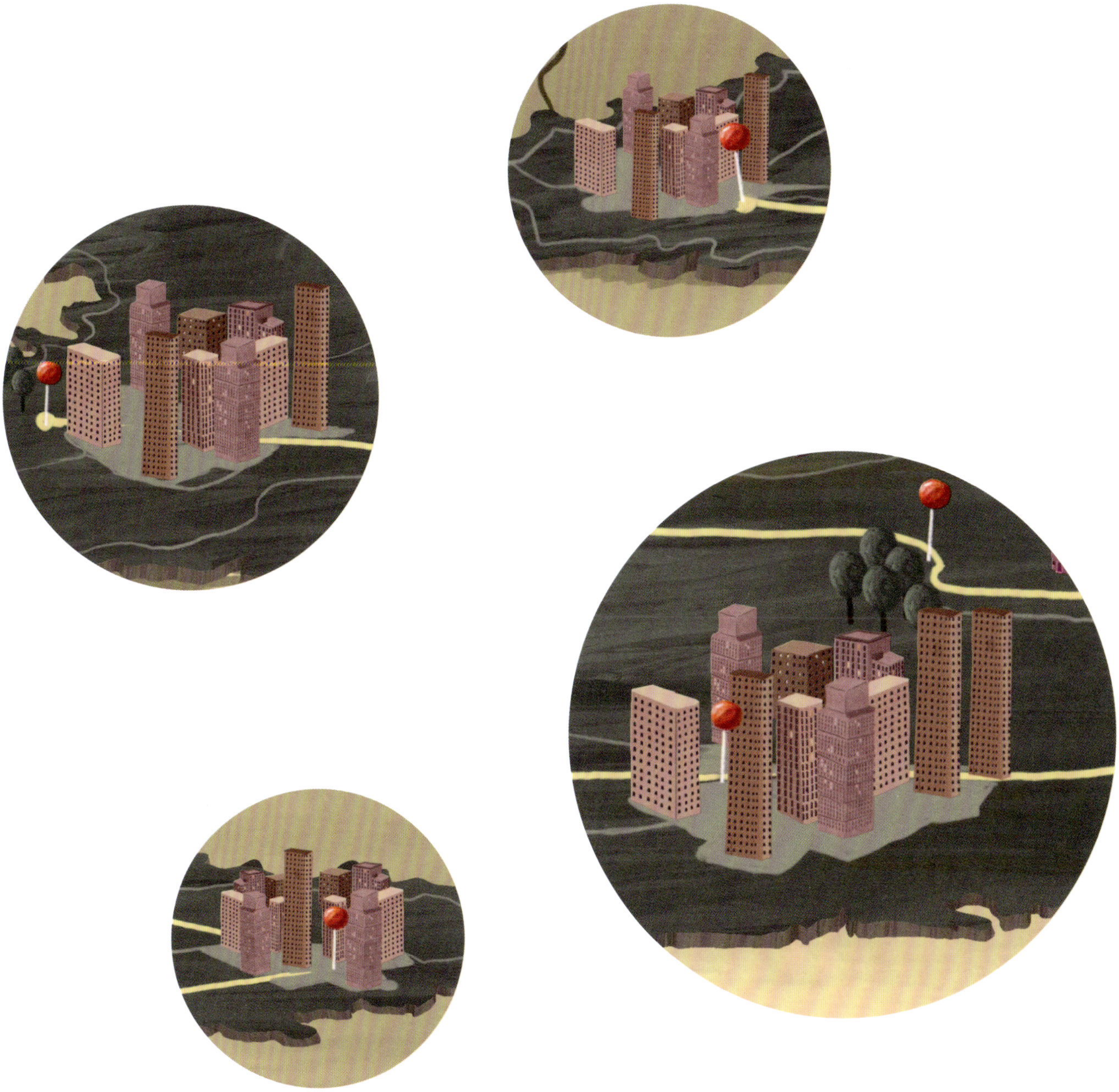

Fragt sich, in welcher Reihenfolge man als traveling salesman am besten – sagen wir – alle Städte in Bayern abklappert. Den kürzesten Weg zwischen Krumbach, Günzburg, München, Bischofsreut, Straubing, Regensburg, Würzburg ... wie rechnet man das aus? Diese Frage heißt: Traveling-Salesman-Problem. Es ist nämlich gar nicht so einfach. Dabei geht es übrigens nicht nur um Zeitersparnis. Es geht heutzutage besonders auch um Energieersparnis, um CO_2-Ausstoß, um Feinstaub, es geht um den Schutz der Umwelt. Der Quantencomputer kann seinen Beitrag leisten. Die Optimierung von Lieferwegen wird im Internetzeitalter, in dem bald jeder alles online bestellt, immer wichtiger.

Nehmen wir an, ein Lieferunternehmen müsste heute 100 Orte anfahren. Was sind denkbare Routen? Bei vier Orten zum Beispiel gibt es gerade mal zwei Möglichkeiten, die in Betracht kommen. Bei 100 Orten ist es schon eine riesige Zahl mit 157 Stellen! Wahnsinn. Das ist fast wie beim Schachspiel mit Weizenkörnern. Um da die umweltfreundlichste und kürzeste Route rauszusuchen, braucht ein normaler Computer ewig.

Der Quantencomputer kann durch Superposition und Qubits alle Routen zur gleichen Zeit durchrechnen! In beinahe null Komma nix spuckt er die optimale Route aus. Das ist magisch. Aber es ist Zukunftsmusik. Noch muss die Gegenwart mit normalen Computern auskommen. Diese haben aber auch ihre Berechtigung und werden sie auch behalten. Denn für eine schöne Grafik in einem Computerspiel zum Beispiel werden sie sich immer besser eignen als ein Quantencomputer. Und trotzdem sind die Quanten auch für Gamer nützlich.

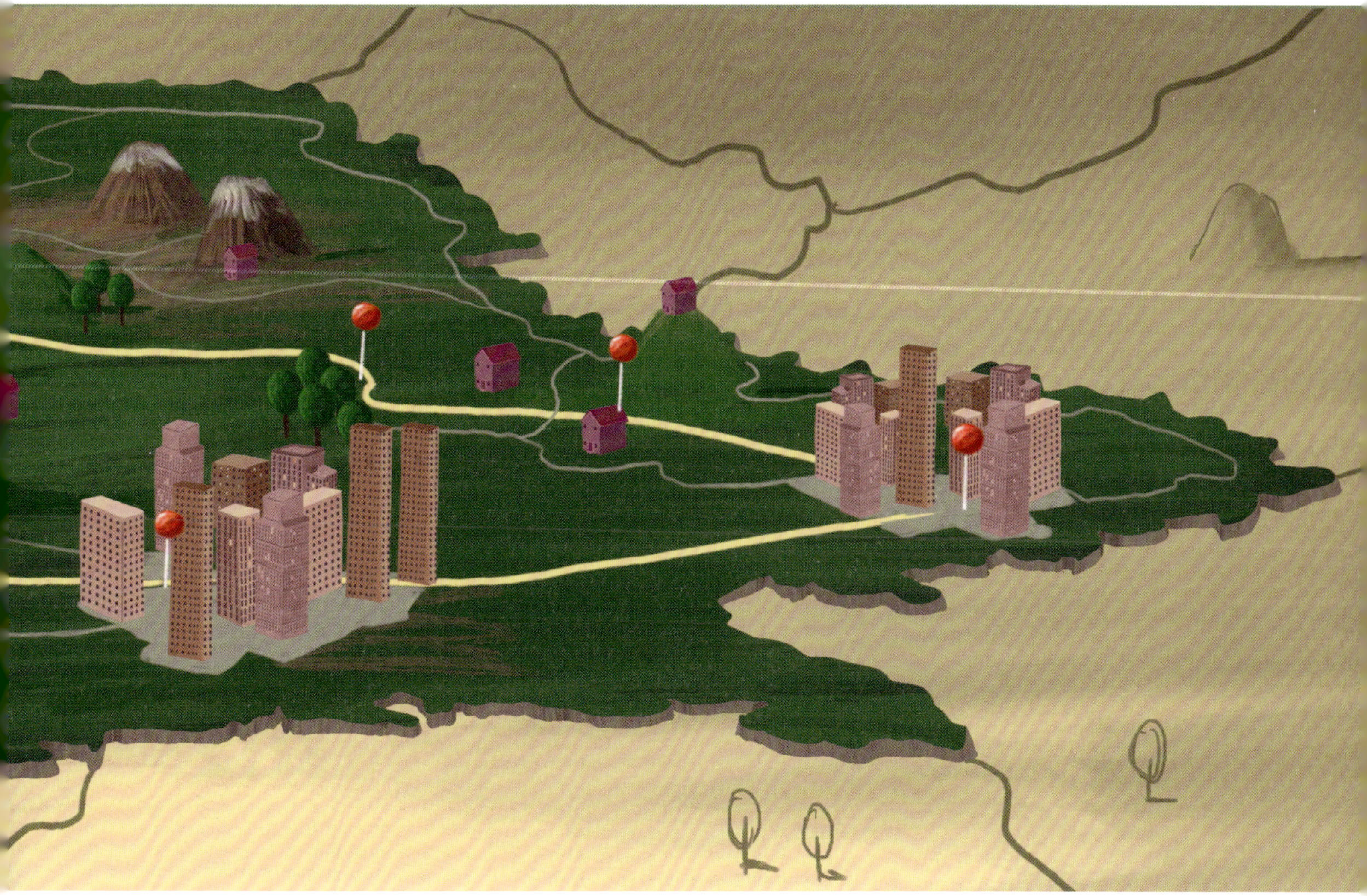

Die neue **QD-Oled-Technologie** macht Bildschirme noch schöner, schärfer, bunter. Das Q wie Quantum ist dafür verantwortlich. ***Quantum dots***, also Quantenpunkte, lassen die Farben noch mehr leuchten. Das sind im Grunde künstliche Atome, die wir genau regulieren können. Wenn wir es entsprechend einstellen, machen sie zum Beispiel unser Schwarz noch schwärzer.

Der Quantencomputer ist keine verbesserte Spielkonsole. Aber mit seiner Hilfe können wir die Quantenwelt sozusagen optimieren. Die ist nämlich so komplex wie der Quantencomputer selbst. Auf diese Weise erschaffen wir optimierte Materialien, wie etwa ein bestmögliches Quantendisplay in einem Gamingmonitor. So profitiert das Gaming am Ende von beiden Technologien.

EIN AUSBLICK

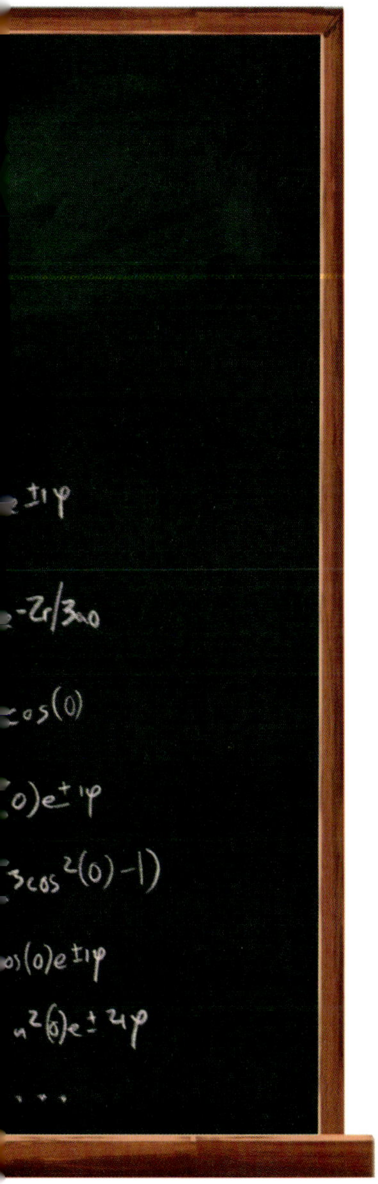

Als die Astronomen Kopernikus, Kepler und Galilei im Laufe mehrerer Jahrhunderte beweisen konnten, dass sich die Erde um die Sonne dreht und nicht umgekehrt die Sonne um die Erde, war das ein Schock. Zwar galt diese Möglichkeit schon seit Langem als »interessante Theorie«, aber mehr auch nicht. Nur schrittweise setzte sich das neue Weltbild durch. Ab 1822 durften offiziell Bücher gedruckt werden, in denen die neue Idee von der Welt beschrieben wird. Und erst 1992 entschuldigte sich der Papst für die Bestrafung Galileis. Wie lange wird es wohl gedauert haben, bis normale Menschen überall auf der Erde von Galileis Ideen überzeugt waren? Droht der Quantenphysik ein ähnliches Schicksal?

Seit über hundert Jahren gilt sie als »interessante Theorie«. Und obwohl viele technische Alltagsgegenstände *nur* durch Quantenphysik möglich sind, halten viele deren Wesenskern immer noch für absurden Spuk. Wie viele Hundert Jahre wird es brauchen, bis jeder Erwachsene und jedes Kind verstanden hat, dass die Welt im Kern aus Wahrscheinlichkeiten, Möglichkeiten, Zufällen und Schwebezuständen besteht – und nicht im Sinne des klassischen Verständnisses objektiv vorhanden ist?

Wisst ihr was? Ich bin optimistisch und glaube, dass die Anwendungen der Quantenphysik, wie etwa der Quantencomputer, zu einem Triumph führen werden. Bald schon werden alle sehen, dass diese neue seltsame Physik auch neue, ungekannte Leistungen vollbringt.

Ist die Quantenphysik zu Ende gedacht? Nein, es gibt noch viel zu tun. Einige Rätsel bleiben. Die größte Baustelle ist wohl die Unvereinbarkeit der Quantenphysik mit der Gravitationstheorie. Die gute, alte Schwerkraft will einfach nicht so richtig, wie wir wollen. Was die verrückte Welt der Quanten aber mehr denn je zeigt: Wissen geht immer weiter. Wissen ist grenzenlos. Darauf kannst du dich verlassen. Und eins ist schon mal klar, fragt dich morgen einer: Was macht ein Elektron im Swimming Pool? Dann kennst du die richtige Antwort.

Max Planck

Max Planck gilt mit seinem Wirkungsquantum h als Begründer der Quantenphysik. Er revolutionierte unsere Ideen von der Welt des Allerkleinsten. Wie viele berühmte Physiker hatte auch er seine außergewöhnlichen Seiten. Planck spielte Klavier und Cello auf hohem Niveau. Es war lange nicht klar, ob er Physiker oder professioneller Musiker wird.

Albert Einstein

Albert Einstein ist wahrscheinlich der berühmteste Physiker. Das Foto, auf dem er seine Zunge rausstreckt, hat fast jeder schon mal gesehen. Er hatte geniale Ideen in zwei verschiedenen Gebieten: der Relativitätstheorie, die er sogar erfunden hat, und in der Quantenphysik. Einige ziemlich komische Eigenarten sagt man ihm nach. So hat er mal in Japan einem Dienstboten einen Zettel zugesteckt, auf dem stand: »Stilles bescheidenes Leben gibt mehr Glück als erfolgreiches Streben, verbunden mit beständiger Unruhe.« Der Zettel wurde vor einigen Jahren für über eine Million Euro versteigert. Leider hat das der Bote wohl nicht mehr erlebt. Schade.

Niels Bohr

Niels Bohr wurde von Einstein mal gefragt, ob er glaube, der Mond wäre nicht am Himmel, wenn niemand hinschaut. »Können Sie mir das Gegenteil beweisen?«, soll Bohr geantwortet haben. Auf Niels Bohr geht das Modell des Atoms zurück, wie wir es aus der Schule kennen. Erstaunlich ist, dass sein Sohn Aage Bohr über fünfzig Jahre nach seinem Vater ebenfalls den Nobelpreis für Physik gewann. Nach Niels Bohr wurde das chemische Element mit der Ordnungszahl 107 Bohrium benannt.

Erwin Schrödinger

Erwin Schrödinger ist heute in erster Linie bekannt für seine Katze in der Kiste. Dabei hat er vor allem wichtige Gleichungen der Quantenphysik entwickelt. Sein privates Interesse galt der indischen Kultur und Philosophie. Er hat sogar eine Zeit lang in Indien gelebt und gelehrt. Schrödinger interessierte sich außerdem für die Natur des freien Willens und des Bewusstseins.

Alain Aspect

Alain Aspect ist der Beweis dafür, dass es auch in neuerer Zeit noch verblüffende Entdeckungen in der Quantenphysik gibt. Im Jahr 1982 führte Aspect ein ursprünglich von Einstein erdachtes und jetzt weiterentwickeltes Experiment durch, bei dem er eigentlich das Gegenteil von dem beweisen wollte, was er bewiesen hat. Seitdem muss man sich die Welt anders vorstellen als zuvor: nicht objektiv und erst durch Beobachtung so, wie sie uns erscheint. Dafür bekam Aspect kürzlich gemeinsam mit zwei Kollegen den Nobelpreis.

Anton Zeilinger

Anton Zeilinger ist einer dieser Kollegen und nicht weniger berühmt als Aspect. Bekannt wurde er als »Mister Beam«, da er sich Jahre mit der Quantenteleportation, also dem »Beamen«, wie man es etwa aus Science-Fiction-Serien kennt, befasst hat. Außerdem interessiert er sich für die philosophischen Folgen der Quantenphysik. Zeilinger hat sich mehrfach mit dem Dalai Lama getroffen, um sich gegenseitig auf neue Ideen über die Welt zu bringen.

Atom – ist ein kleiner Baustein der Materie, der aus einem Atomkern und winzigen Elektronen besteht, die um den Kern kreisen. Bislang gibt es 118 verschiedene Atome, sie sind der Baukasten, aus dem unsere Welt aufgebaut ist.

Blob – ein ziemlich unförmiges, im Raum verteiltes Etwas. Es ist mal hier und mal dort.

Buckminsterfullerene – sind riesige Moleküle aus Kohlenstoffatomen, die wie das Skelett eines Fußballs aussehen.

Entropie – ist eine Einbahnstraße in Richtung Unordnung. Dabei misst die Entropie, wie chaotisch die Unordnung zu jedem Zeitpunkt ist.

Enzephalografie – heißt ein Verfahren, das feststellt, was in einem Gehirn so los ist. Wenn du denkst, produzierst du kleine Stromimpulse, die in deinem Kopf ein magnetisches Feld bilden, und das verbiegt Atome. Und diese Biegung können wir mit einem Sensor messen.

Falsifizierbarkeit – heißt, dass die Forschung eine Theorie testen und zeigen kann, dass sie falsch ist. Die Theorie zum Beispiel, dass es keine rosa Einhörner gibt, gilt, solange kein einziges Einhorn gefunden wird, das rosa ist. Oder man kann ausschließen, dass es überhaupt Einhörner gibt. Auch dann gibt es keine rosa Einhörner.

Interferenz – beschreibt, wie sich Wellen gegenseitig beeinflussen. Durch Verstärkung oder Auslöschung entsteht ein typisches Interferenzmuster.

Magnetometer – misst, wie stark ein Magnetfeld ist. Fliegt es in einer Drohne herum, hat es schärfere Augen als ein Adler. Es kann nämlich sogar unter die Erdoberfläche schauen.

No-Cloning-Theorem – ist eine Regel, die besagt, dass man keinen Blob zu hundert Prozent genau kennen und auch nicht fehlerfrei kopieren, also klonen kann. Deshalb kann man nie alles messen, und darum kann man auch niemals alles wissen.

Objektiver Zufall – nennt man einen Zufall, den das Universum nicht mal selbst vorhersagen könnte.

Photoeffekt – löst durch Licht Elektronen aus einer Metalloberfläche. Aber nur, wenn die Lichtphotonen mindestens so viel Energie haben, wie es braucht, um die Elektronen im Metall festzuhalten. Wo bleibt der Rest der Energie? Der geht in die Geschwindigkeit der Elektronen. Dieses Rätsel hat Albert Einstein gelöst.

Photon – ist ein Lichtteilchen, das im Unterschied zu anderen Teilchen nichts wiegt. Aber genau wie jedes andere Teilchen kann es etwas wegstoßen. Es bewegt sich immer mit Lichtgeschwindigkeit, dem höchsten Tempo im Universum.

Plancksches Wirkungsquantum h – lässt sich nicht errechnen, sondern nur messen. Denn es steckt in der Welt drin. Es ist eine Naturkonstante. Sie beschreibt das Verhältnis zwischen Lichtfrequenz und Energie. Letztere kommt in kleinen Paketen daher, das hat Planck herausgefunden.

Polarisation – beschreibt, in welche Richtung die elektrischen Felder in einem Lichtteilchen schwingen. Ein Polarisator kann die Schwingungsrichtung messen.

Quantenmechanische Unschärfe – nennt man die Tatsache, dass man entweder sagen kann, wo ein Blob herumfliegt, oder wie schnell er ist. Man kann nie gleichzeitig beides genau bestimmen.

Schwarzkörperstrahlung – heißt das Glimmen von Metall, wenn man es heiß macht. Es leuchtet nicht so stark, wie es nach den Gesetzen der »alten Physik« müsste. Deshalb war es höchste Zeit für die Quantenphysik, die das Phänomen erklärt.

Superposition – ist die Eigenschaft der Materie, unter ganz bestimmten Voraussetzungen in mehreren Zuständen gleichzeitig zu existieren. Jedenfalls, solange niemand hinschaut.

Verschränkung – heißt: Es treffen sich zwei Teilchen zu einem Date und gehen eine Beziehung ein. Dadurch entsteht ein gemeinsames Quantengeheimnis, durch das beide von jetzt an untrennbar miteinander verbunden sind.

Wahrscheinlichkeitswelle – ist wie eine Meereswelle, nur dass sie nicht aus Salzwasser, sondern aus Wahrscheinlichkeit besteht.

KARIBU – Ein Verlag der Edel Verlagsgruppe

1. Auflage 2023

Umschlag- und Innenillustrationen: Aaron Cushley
Layout, Satz & Gestaltung: Harald Hohberger Grafikdesign, Berlin
Druck: optimal media GmbH, Röbek
ISBN: 978-3-96129-291-2
Printed in Germany

www.karibubuecher.de